"共筑长城 文化抗战"丛书

编委会主任

李良志 张宪文

编 委（以姓氏笔画为序）

马 倩　马 博　王子泊　方清刚　田本相　史桂芳　史锡平
刘增杰　李良志　李肖然　李法桢　李新会　肖 红　吴美华
吴祖枝　张云鹏　张立新　张庆军　张自然　张明学　张国强
张宪文　陈林涛　阿 鹰　杨风华　雨 鹤　周大计　郑慧玲
姚 伟　袁凯强　高 丽　曹国华　韩新莉　裴匡一　薛建立

"共筑长城 文化抗战"丛书
主编 李良志 张宪文

抗战诗歌

选释 刘增杰

河南大学出版社
HENAN UNIVERSITY PRESS

图书在版编目（CIP）数据

抗战诗歌 / 刘增杰选释.—郑州：河南大学出版社，2018.4
ISBN 978-7-5649-3304-3

Ⅰ.①抗… Ⅱ.①刘… Ⅲ.①诗集－中国－现代 Ⅳ.① I226

中国版本图书馆CIP数据核字（2018）第088602号

策　　划	方清刚　马　博
责任编辑	韩　琳
责任校对	霍晓玉
封面设计	周伟伟

出　　版	河南大学出版社
	地址：郑州市郑东新区商务外环中华大厦2401号
	邮编：450046
	电话：0371-86059701（营销部）
	网址：www.hupress.com
排　　版	郑州市今日文教印制有限公司
印　　刷	河南瑞之光印刷股份有限公司
版　　次	2018年9月第1版　　　印　次　2018年9月第1次印刷
开　　本	787mm×1092mm　1/16　印　张　16.75
字　　数	334千字　　　　　　　　定　价　37.50元

（本书如有印装质量问题，请与河南大学出版社营销部联系调换）

序

四年前，清刚希望我将十五年前主编出版的《抗战时评》一书重新修订，并希望我主编《抗战信札》一书，一并收入河南大学出版社策划的"共筑长城　文化抗战"丛书，同时希望我担任丛书主编。我那时已经做过癌症切除手术，全部个人藏书和资料捐献给了家乡的图书馆，而且早已辞却一切学术活动。但是，接到清刚的电话，我还是毫不犹豫地答应了。

我之所以愿意老骥伏枥，最主要还是因为抗战这个永恒的话题。

抗战胜利是近代以来中国抗击外敌入侵的第一次完全胜利，它彰显了中国共产党的中流砥柱作用，促成了中华民族的真正觉醒和伟大爆发，形成了载入史册、垂鉴百代的抗战精神，中华民族从此开始了真正的复兴。而在世界反法西斯战争的东方主战场上，中国的文化工作者上演了一幕幕荡气回肠的精彩活剧。文化抗战是中华全民抗战的一部分，是最能鼓舞抗战士气、凝聚抗战力量、揭露敌人罪行的利器和法宝，也是最能展示抗战精神的瑰丽画卷。中国抗日战争胜利的功劳簿上，有文化工作者浓墨重彩的一页。

抗战也是中国知识分子最淋漓尽致的才华展示和精神亮相。他们遭逢的艰苦磨难，他们的执着坚忍、鼓呼呐喊和奋斗捐躯，是胜利纪念碑上不可少缺的坚石，也是伟大的抗战史诗中不可忽略、不可忘却的一篇。

2004年，我和南京大学张宪文先生一道担任主编，与田本相、刘增杰、王少华、张庆军、史博公等专家学者合作，由河南大学出版社出版了包括《抗战诗歌》、《抗战戏剧》、《抗战电影》、《抗战海报》、《抗战照片》、《抗战时评》等6部著作的"石头说话"丛书。看书名就知道，这是一部反映中国文化抗战的丛书，涵盖了抗战时期中国文化界和文艺界为坚持抗战直至胜利所做的彪炳日月的贡献。丛书以保存、介绍抗战文化史料入手，堪称中国文化抗战的历史活化石。这也正是"石头说话"丛书名的意义所在。屈指十余年过去，在河南大学出版社支持下，原来的《抗战诗歌》《抗战戏剧》《抗战电影》《抗战照片》、《抗战时评》5部书经过修订，加上《抗战版画》《抗战漫画》《抗战歌曲》《抗战信札》，一共9部，历经艰难，作为"共筑长城　文化抗战"丛书就要出版了。每部书的主编都是各自领域的专家，每部书都有独特的视角和价值。

　　从"石头说话"丛书到"共筑长城　文化抗战"丛书，河南大学出版社经历了王刘纯、马小泉、张云鹏三任社长，刘小敏、张自然、杨凤华、马博、董庆超、薛建立、马静、韩琳、范昕、翟淼淼、肖凤英等数十位编辑参与其中，作为百年历史名校及其出版社的责任担当与卓识，这是令我不仅感动，同时也钦佩不已的。

　　我之所以愿以耄耋之躯秉烛夜行，还因为方清刚。

　　十三年前，因为"石头说话"丛书，我和清刚成为忘年交。那时的他尽管已经年过而立，但眼神清澈而充满激情。他作为编辑，用雨衣包裹《抗战时评》书稿和校稿，然后在雨中骑行十余公里下班回家的情景，是我眼前一道有关出版的别致风景。后来，他潜心于家乡南阳的汉画像石收集与保护，来京时我还向他推荐了北京大学和人民大学的有关专家。那时，他已经过了不惑之年，眼神还是那样执着，充满激情。

　　很少有人知道，历时十四年的中国抗日战争，最后一战是在河南南阳结束的。遗憾的是，关于南阳会战，多年来一直没有一本正式出版物。作为一个南阳人，而且是有抗战情怀的南阳人，清刚策划《南阳会战——中国对日最后一战》一书，请我任编委会主任，我也欣然答应了。这是我与清刚又一次结缘。

后来，河南大学出版社的马博接力清刚，主持"共筑长城 文化抗战"丛书的编辑出版工作，并参与到书稿的具体通校之中，他的激情与认真，令我十分感动。

马博和河南大学出版社有意将"共筑长城 文化抗战"丛书继续做下去，我会是最坚定的支持者。我也希望更多的学者加入到这一盛事中来，希望更多的人研究抗战、了解抗战。我期待，而且我也相信，在纪念世界反法西斯战争和中国人民抗日战争胜利73周年之际，"共筑长城 文化抗战"丛书会生发更多茁壮的枝芽，绽放出更绚烂的花蕾。如果可能，我愿意继续参与到这部丛书的修订、充实和编撰工作中去。

马博希望我为"共筑长城 文化抗战"丛书作序，我没有推辞的理由。

是为序。

李良志
2017年7月7日于北京中国人民大学校外住宅时雨园

前　言

从 1931 年"九一八"事变起,到 1945 年抗日战争胜利止,中国人民前仆后继,进行了长达 14 年之久的可歌可泣的反侵略战争。

诗歌是一个民族最丰富的精神营养。反侵略战争锻铸着中国现代诗歌的基本品性。愤怒出诗人。山河破碎,生灵涂炭,怒气、奇气化而为诗,压在心底的苦痛转化为强大的追求生命张扬的动力。全国诗风为之一变。诗歌创作一改过去的优雅与雍容,高昂的战斗风格使诗歌变得格外庄严与辉煌。战士把自己灿烂的生命献给了民族,诗人则用声声战鼓为勇士壮行,并把军民的情感世界镌刻于人类反侵略的纪念碑上。雨恨云愁的抗日战争年代,诞生了彪炳史册的壮丽诗章。

民族记忆是永恒的财富。诗歌把我们带到了那个无比沉重的年代,眼前顿时浮现出一幅又一幅的历史性画面:侵略者铁蹄下的苦难;义勇军的出征;地无分南北、人无分长幼,人民在苦难中的奋起;民族精神的复活,告别昨日、告别民族惰性的自省;迎接胜利、迎接民族新生的喜庆与忧虑……所有这一切,都在诗中有着生动而真实的呈现。这册篇幅有限的《抗战诗歌》,当然载不下海洋般深广的感情重量。诗选只不过是为这场战争献身的人们留下的几幅质朴的素描。

诗歌并不是要人们铭记仇恨,而是主张面向未来,永远尊重赤诚的献身者,记住历史!诗选当然也不能容忍那些掩盖真相者的狡辩,不能容忍丧失了良知而不知羞愧的某些人,以及他们的少数追随者。丧失良知就是丧失了人格，丧失了一个民族的底气和未来。如果他们能够平心静气地读一读诗选里中国人、英国人、新西兰人、朝鲜人当年书写的抗战诗歌，读一读少数日本人当年写下的对自己民族进行反思的诗歌，他们今天可能会变得谦恭一点，对自己民族历史上的过失多几分自责，像今天令人尊敬的德国人那样，心存谦卑地对待历史，从而赢得人们的原谅与宽恕。评史应恕，但对恶意掩盖真相者，则必须给予针锋相对的戳穿。

诗选也并不想让人在回忆中打发日子，而只是要提醒我们曾经拥有的灾难中的坚韧，永远压不垮的民族精神！活力来自民族的自省。生死存亡的反侵略战争给了民族惰力以前所未有的荡涤。但是，告别是沉重。疮疤未愈就忘乎所以是浮躁，好了疮疤忘了痛是麻木。回响在心头的该永远是《义勇军进行曲》的豪迈旋律！

诗歌按内容分类编选：一、灾难：用血写着控状；二、为保卫祖国而战；三、全民总动员；四、中国之友：紧紧握着的大手；五、纪念碑：献给抗日烈士；六、胜利：将中国建筑在世界大街上。每一类作品原则上按发表时间的先后顺序排列。根据需要，有时又可能打乱时序把同题诗歌编在一起，以便读者阅读时相互参照，并对一些诗歌作者和诗作本身做了简要的介绍，重点则是对特别需要说明的背景材料略作诠释。作品原有的注释则一律保留。

图片是镜头书写的历史。本书是一册雅俗共赏、诗画并茂的抗战诗画集。宋人张舜民云："诗是无形画，画是有形诗。"像诗歌一样，绘画、照片同样是历史的诉说。它奉献给读者的，是诗艺品嚼和视觉冲击较完美的统一，美的感悟与励志壮怀的统一。重温"铁衣冷，战马血沾蹄"（此为后唐诗人毛文锡《甘州遍》中的词句），词中描写的战斗激烈，将士身着冰冷铠甲浴血鏖战的情景，流露出一股苍凉、悲壮、慷慨的诗绪。近代爱国志士秋瑾在《鹧鸪天》中直陈:"祖国沉沦感不禁,闲来海外觅知音。金瓯已缺总须补,为国牺牲敢惜身?"同样展现了爱国爱家的激越情怀。抗战诗歌不是婉约温情的怀旧,而是寻觅民族精神爆发力的踪影,召唤民族的未来。

在20世纪中国诗歌的发展史上,抗战诗歌在艺术上有自己独特的创造。比如诗歌形象美与形式美的统一和谐;在雄浑风格基础上多样化风格的探索,甚至一些政治小诗也淀出了清澈;小叙事诗平里出奇、险中取胜的情节追求;诗歌语言的口语化,以及有弹力、有流动感、具有音乐美的语言的营造;具有广场效应的诗的形式;诗与歌的融合更使诗歌产生了穿云裂石的神力。如此等等,都是对20世纪中国诗苑的丰富。特别是,就诗歌走近读者、贴近读者来说,抗战诗歌是历史上任何一个时期的诗歌所不可比拟的。我们特意收录一些脍炙人口、当时广泛流传的歌曲的歌词,就是对抗战诗歌大众化艺术风格的认同,对读者审美选择的推崇与尊重。尽管一些抗战诗歌爱国忧民却率意浅露,豪情满怀却又艺术底蕴不足,但所有这些缺憾竟都和抗战诗歌的特有魅力水乳交融。每当诵读起抗战诗歌时,人们就会不由自主地怦然心动,热血沸腾,这难道不是它永贮生命力的明证?离开了时代的需要谈论诗歌是一种隔膜,而和时代的隔膜就是和人民的疏离。

家国不幸诗家幸。真正的生命体验,使诗人的感情融入脚下灾难的大地。抗战诗歌的生命将永恒于明天的历史,代代相传,代代接受读者的阐释。可以这样认定,抗战诗歌是一部现代最生动、最优美、最感人的爱国主义教材,值得青少年朋友阅读欣赏。

抗战诗歌形成了具有鲜明时代印记的诗美特征:

一、诗歌与大众的真正接近。在国破家亡的痛苦年代,诗人已经没有任何实利的诱惑与选择,他们与受难的人民同命运，与滴血的祖国共存亡。时代为他们提供了丰富的情感资源和诗歌意象资源。民族和人民的最高利益是诗人铸就的诗魂。参与诗歌创作的人群异常广泛，诗歌反映的社会生活内容空前丰富，诗歌发出的是普通大众的呻吟、挣扎和怒吼。与大众血肉相连的诗歌闪亮着活力，闪耀着永恒的精神光芒。可以毫不夸张地说，抗战诗歌是诗歌大众化追求最成功的一个范例。

二、豪放诗风的崛起。战斗的时代诗风为之一变。诗人抒发的已不是一己的悲欢，而是惊天地、泣鬼神的大时代诗情。赞美人民、赞美大地、赞美河山，既有着传统边塞诗的苍凉与沉重，又有着新时代诗歌的明丽与惨烈。面对悲愁，诗歌发出的是慷慨激昂的民族呐喊，身处逆境百折不回是中国人不屈心灵的折射。沉甸甸的诗句积淀着诗人深邃博大的思考和对于民族觉醒的自信。民族危亡的历史时代，铸就了一代率真直达大气旋转的豪放诗风。《义勇军进行曲》《黄河大合唱》《终点，又是一个起点》将永驻民族诗册。

三、诗歌艺术形式的创新。抗战时期也是诗歌形式探索最活跃的时期。诉诸听觉的朗诵诗的兴起，诉诸视觉的街头诗、岩头诗的流传，传统绝句向现代新诗演化的试验，诗歌与歌曲的结合，诗配画的尝试，快板诗、顺口溜、格言诗、民歌体诗歌的创作实践，等等，都为新诗形式的革新注入了活力。把抗战时期的文学说成是"萧条期"，把抗战诗歌说成是"歧路和彷徨"，显然是缺乏事实根据的。

感谢方清刚先生对这套图书的成功策划。他在工作过程中所表现出来的思想力量，以及他的机敏、沉着、自信，使我有机会重温这段历史。抗战的记忆是不能遗忘的。中国人所经历的生命大痛苦、情感大爆发、思想大觉醒，不仅对于中国，对于整个人类都是亘古未有的奇迹。记忆让我们认识到战争的残酷和罪恶，记忆继续唤醒着所有和平爱好者的良知。

刘增杰
2015年3月草于开封河南大学新校区21号家属院

目　录

序 …………………………………… 李良志（Ⅰ）
前言 ………………………………… 刘增杰（Ⅰ）

灾难：用血写着控状

松花江上 …………………………………… 张寒晖（002）
我的思念在大海东——献给台湾 ………… 蒲　风（004）
家 …………………………………………… 管火陵（006）
怀乡曲 ……………………………………… 若　嘉（008）
乡思 ………………………………………… 葛　兮（009）
我们不能逃走——写给农民 ……………… 苏金伞（012）
摇篮歌——为难童们作 …………………… 杨　骚（015）
谁杀死了妈妈 ……………………………… 张克夫（016）
铁蹄下的歌女——献给聂耳 ……………… 许幸之（017）
我用残损的手掌 …………………………… 戴望舒（019）
劫后的古城 ………………………………… 罗铁鹰（020）
垣曲街景 …………………………………… 罗　烽（023）
废墟之外 …………………………………… 覃子豪（024）
人造地狱 …………………………………… 刘心皇（026）
亡国是可怕的 ……………………………… 李金发（029）
血滴在路上 ………………………………… 覃子豪（031）
假使我们不去打仗 ………………………… 田　间（032）
轰炸吧 ……………………………………… 荒　冰（033）
心愿 ………………………………………… 戴望舒（034）

为保卫祖国而战

义勇军进行曲 …………………… 田　汉（036）
义勇军 …………………………… 田　间（038）
军队进行曲 ……………………… 公　木（039）
兵车向前方开 …………………… 臧克家（041）
到敌人后方去 …………………… 启　海（042）
八百好同胞 ……………………… 冯玉祥（044）
好男要当兵 ……………………… 白崇禧（045）
在太行山上 ……………………… 桂涛声（046）
出太行 …………………………… 朱　德（048）
山中——题贺龙将军 …………… 田　间（049）
蝈蝈，你喊起他们吧 …………… 魏　巍（051）
不准它们过来——向横断山脉 … 勃朗宁（052）
我们的雪天 ……………………… 孙　钿（056）
游击队 …………………………… 杜　谈（058）
游击队部的夜 …………………… 魏　巍（059）
游击队歌 ………………………… 贺绿汀（061）
青纱帐 …………………………… 温　流（063）
高粱长起来吧 …………………… 魏　巍（065）
子夜岗兵颂 ……………………… 公　木（067）
守夜 ……………………………… 许幸之（069）
西北哨兵 ………………………… 曹葆华（071）
民兵 ……………………………… 赵自评（072）
刘黑疤 …………………………… 蒂　克（075）
情话 ……………………………… 雪　牧（077）
爸爸 ……………………………… 庄　言（079）

全民总动员

黄河大合唱 ……………………… 光未然（081）
伟大的慈心——给防空洞里的母亲们 …… 严　辰（100）
毕业歌 …………………………… 田　汉（104）

中国妇女抗敌歌 …………………………… 郭沫若(105)
丈夫去当兵 ………………………………… 老　舍(107)
山！山！ …………………………………… 方　冰(109)
嘉陵江上 …………………………………… 端木蕻良(111)
从前方来 …………………………………… 左　平(113)
岂有这样的人我不爱他 …………………… 施　谊(116)
姑娘 ………………………………………… 陈　辉(118)
给我一支枪 ………………………………… 张季纯(121)
用那双手 …………………………………… 劳　森(123)
题照 ………………………………………… 阿　垅(125)
归里省斗口巷老屋 ………………………… 于右任(127)
和杨联陞诗 ………………………………… 胡　适(128)
风箱谣 ……………………………………… 公　木(129)
推磨者 ……………………………………… 方　殷(131)
灯 …………………………………………… 李　株(133)
破路 ………………………………………… 刘衍洲(136)
破路 ………………………………………… 叶　金(138)
伐木歌 ……………………………………… 井岩盾(141)
他卖萝卜去了 ……………………………… 胡危舟(142)
卖糕 ………………………………………… 陈　辉(145)
小河 ………………………………………… 苡　英(146)
放哨的儿童 ………………………………… 卞之琳(147)
孩子哨 ……………………………………… 庄　言(149)
抗敌募捐歌 ………………………………… 慕　班(150)
献金 ………………………………………… 石　灵(153)
老榕树 ……………………………………… 吴　越(155)
高高的白果树 ……………………………… 苏　东(156)
榴花 ………………………………………… 冀　汸(158)

中国之友：紧紧握着的大手
　　海外的卖报童 ……………………〔菲律宾〕施颖洲(161)

和平鸽	〔朝鲜〕安偶生(163)
献给殉国的中国兵士	〔英国〕奥 登(165)
给中国	〔英国〕罗伯特·潘恩(166)
听见了呀！（节选）	〔日本〕鹿地亘(167)
黄河	〔新西兰〕路易·艾黎(171)
手与手——给盟国的伙伴们	金 军(174)
人类审判宣言	戈 茅(176)
让我们相爱	周 为(181)

纪念碑：献给抗日烈士

在七月七日（致辞）	胡 风(184)
我们的伤痕永不在背上——献给抗日烈士之灵	郑振铎(186)
献身	冯玉祥(189)
归国杂吟	郭沫若(191)
狱中题壁	戴望舒(192)
追哭徐新六	胡 适(193)
给死者	巴 金(194)
埋葬	丽 尼(196)
奠歌	徐 訏(198)
假如我战死了	柳 倩(200)
假如，我死了	晏 明(202)
无名英雄之墓	刘火子(204)
老人	那 沙(205)
夜葬	鲁 藜(207)
为祖国而歌	陈 辉(209)
坚壁	田 间(214)
肉搏	蔡其矫(215)
爱	丽 砂(217)
骨	方 然(218)
敌后催眠曲	萧 三(220)

蒲公英 …………………………………… 钟　辛(222)

送葬曲 …………………………………… 方　敬(223)

五月的鲜花 ……………………………… 光未然(225)

胜利：将中国建筑在世界大街上

今年是好年 ……………………………… 白　刃(228)

终点，又是一个起点 …………………… 绿　原(230)

为祖国而歌 ……………………………… 胡　风(243)

前线 ……………………………………… 祝实明(246)

赞美 ……………………………………… 穆　旦(248)

沁园春·雪 ……………………………… 毛泽东(251)

灾难：用血写着控状

一曲《松花江上》唱出了流亡者撕心裂肺的哀歌。在侵略者占领下，"垂死的街道上/残留着敌人的铁蹄/破瓦颓垣间/呈露着被难者的血迹/门上挂着锁/院墙缺少半边/老鸦在空院子里/窃食几粒劫后的米"(《垣曲街景》)。逃难者"血滴在长长的路上/在路上他们用血写着控状/路是走不完的/有限的血，写不尽/无限的仇恨"(《血滴在路上》)。

岁月不会把记忆掩埋。逃难的人群失去了土地，失去了家园，如同失去了整个世界。灾难贯穿于抗战时期中国人整个生存之中。灾难换来的是深刻的清醒。理解灾难才能理解拯救。向侵略者复仇，是潜藏于中国人血液中的本能。

日本侵略给中国人带来了前所未有的苦难。抗战是一次真正伤感的旅行；但同时，它更是一次扬眉吐气的凯歌行进。抗战诗歌展现了受难民族灵魂的一次真正的裂变，留下了抗日战士最原始、最生动的情绪状态。如《假使我们不去打仗》一诗："假使我们不去打仗/敌人用刺刀/杀死了我们/还要用手指着我们骨头说/看/这是奴隶！"其焦灼的呐喊，一针见血的直白，让自信击退了惶恐；其强烈的爆发力、冲击力、感召力，将永驻诗史。

流亡之群　朱宙平　作

松花江上

张寒晖

我的家在东北松花江上,
那里有森林煤矿,
还有那满山遍野的大豆高粱。
我的家在东北松花江上,
那里有我的同胞,
还有那衰老的爹娘。
"九一八","九一八",
从那个悲惨的时候,
"九一八","九一八",
从那个悲惨的时候,
脱离了我的家乡,
抛弃那无尽的宝藏,
流浪!流浪!
整日价在关内,流浪!
哪年,哪月,
才能够回到我那可爱的故乡?
哪年,哪月,
才能够收回我那无尽的宝藏?
爹娘啊,爹娘啊,
什么时候,
才能欢聚在一堂?!

作于1936年

选自《张寒晖歌曲选》,人民音乐出版社1981年3月版

张寒晖(1902—1946) 现代剧作家,河北省定县西建阳村人,曾任职于张学良将军的东北军政治部,1936年创作了著名歌曲《松花江上》(发表时署名佚名)。《松花江上》首句"我的家在东北松花江上",摄人心魄,撕咬着中国人强烈的民族自尊,唱出了在日本侵略军占领下,东北人民的深重灾难和打回老家去的强烈愿望,唱出了全国人民的心声,歌曲

因而迅速在全国传唱。

怒吼吧，中国！（1935） 李桦 作

我的思念在大海东
——献给台湾
蒲　风

我的思念在大海东，
　　　　大海茫茫，
水天交界处太阳火般红。
　我日日夜夜牵挂她，
　　忧愁，伤悲，苦难……
——我都咽下在心中。

非她不爱我，
实因压迫重重又重重。
礼教的束缚，
殖民地的奴隶教养……
片刻打不起浪涛的汹汹，
也许她将永在大海东，
　　　　　犹如太阳，
她朝朝照耀得我心通红。
　我戴着太阳走我的路，
　　不怕艰难和险阻，
她心在我心，我心长英勇！

我是真理之子，
真理长在我心中。
那怕瘴氛横阻大海东；
我要用大炮轰去一切氛和雾，
我要用热情、教养去扫荡那蛮风！
但是，云涛滚滚，
　　　踏着铁的飞轮，
她也许会横过太空：

我是地球,

太阳永远亲近着真理的孩子,

快快呀,快快呀,朝西蠕动。

选自《摇篮歌》,上海诗歌出版社1937年2月版

蒲风(1911—1942)　现代诗人,原名黄日华,又名黄飘霞,广东省梅县人。出版有诗集《茫茫夜》《六月流火》《生活》《钢铁的合唱》《摇篮歌》《抗战三部曲》《黑暗的角落里》《可怜虫》等。在民族危难的时刻,蒲风想到了已经被日寇占领多年的台湾。"我日日夜夜牵挂她",道出了全国人民共同的心声。

家

管火陵

在怀念里

昏黄的落日

滚变的风沙

昔日的风光

埋葬在荒垣下

美丽的老家

朴素的老家

老家系着敌人的战马

老家的主人

在流亡线上

红穗的高粱

大队的牛马

似流水吞着沙

一口儿被毒魔吞下

远了老家

远了老家

尝饱了风霜

华北,华南,华中……

遍地响起了战争

哪里是,安全地带

哪里有,安全地带

谁再能像丧家之犬

谁再能在流亡线上苦爬

积年的愤火哪能消散啊

齐声呐喊吧

"打回我们的老家"

选自1940年9月21日《新蜀报》

家园　李可染　作

怀 乡 曲

若 嘉

我仰望着天边,
期待着一只带来家书的雁;
却飞过群群铁鸟,
撒下这遍野的荒烟!
我彳亍在溪头,
溪中的流水悠悠,
一阵秋风惊破了水面,
半个影儿也不给我带走!
我幻想到故土,
遥隔万重关山,
我不能归去了么,
敌骑暴加横阻。
我怀念着家乡,
不禁在深夜唱出一只哀曲——
"我的家,
在东北松花江上……"

选自1939年11月2日《华西日报》

故乡在那边　新波　作

乡 思

葛 今

甘美的甘美的故乡的河水
像十月的甘蔗一样甘美
明媚的明媚的故乡的河水
像村里姑娘的碧眼一样明媚

我要回到傍河的迷人的乡村了
日日饮甘美的故乡的河水
我将像河滨葱茂的高粱
向香馥空气中伸长年青的枝叶
我将像河滨清新的桦林
浸沐着朝阳的鲜红

麦酒般醉人的故乡的河水呵
像发亮的猪油般流淌
润养着广袤的翠绿的田野
培育得野花火般地开满山谷
虽然我是面黄肌瘦的贫农的儿子呵
想起故乡也有酒般的乡情

在那灿烂的收获季节
河滨行驶着如流水般的大车
载着黄金的麦粒，芳香满野
"擦擦"的割麦声溶混着愉悦的田歌
虽然我是面黄肌瘦贫农的儿子呵
对这幸福的画景
也凄怆地神魂向往

甘美的甘美的故乡的河水
十年来,我颠沛在艰辛的路上
担着沉重的生活担子
栖宿在荒寒的茅店
未曾饮过一滴你甘美的浆液
我的灵魂和身体多么饥渴
虽然我凄愤地知道
这是贫农的儿子必然的命运呵

昨夜,我坐在冷月浸照的铁篷车上
和寒颤的褴褛的难民一起
听他们哀愤地叙说:
甘美的甘美的故乡的河水
流淌着乡人殷红的血汁
明媚的波上
漂流着被宰杀了的农人的尸体
村庄成了劫后的废墟

田里的杂草长得比高粱茂密
村道上滚动着东洋兵的炮车
村姑的贞洁的卧榻上,鼾睡着
满脸络腮胡髭的淫乱的敌人

那些流离的乡人泣诉
针般刺伤我的心
甘美的甘美的故乡的河水
我要归来了
甘愿做一片河上迎战风霜的白帆
甘愿做一枚水里隐秘的鱼雷
甘愿跟我们褴褛而顽强的兄弟们结伴
潜伏进河滨的茂林里

应和着你战斗的歌声

用我们鲁钝的武器同敌人战争

日日饮甘美的甘美的河水

虽然十年来我颠沛在艰辛的路上

饱餐了人世的寒霜和疾苦

而我的手锻成了琮铮的铁弦

心锻炼得如熔铁般热,纯钢般坚

我就要归来了,我就要归来了

甘美的甘美的故乡的河水

我坐在这寒村荒店的窗口

好像隐隐地看见你银亮的肢体

在远方那丛萧索的桦林后面

流来又流去,且还听见你"哗啦,哗啦"的水声。

选自《现代文艺》第4卷第3期,1941年12月25日

葛兮(1915—1984) 四川广汉人,原名覃汉川。《乡思》是一首离乱人怀念故乡之作,"甘美的甘美的故乡的河水/像十月的甘蔗一样甘美/明媚的明媚的故乡的河水/像村里姑娘的碧眼一样明媚",只此四行诗,就写尽了撕心裂肺的思念和心灵深处不可名状的哀伤。

流亡 丰子恺 作

我们不能逃走
——写给农民
苏金伞

我们不能逃走，
不能离开我们的乡村：
门前的槐树有祖父的指纹，
——那是他亲手栽种的；
池边的洗衣石上有母亲的棒槌印，
水里也还有母亲的泪，
——受了公婆或妯娌们的气，
无处摆理，泪偷滴在水里；
还有，地里红薯快熟了，
根下挣起一堆土，
凸吞吞的像新媳妇的奶头；
场上堆着没有打的黄豆，
热腾腾的腥香向四面流。
这一切我们都不能舍弃，
怎肯忍心逃走？

我们不能逃走，
不能离开我们的家：
碓臼已舂了几辈子米，
犁雁和锄桨都被我们的
手掌磨出深深的汗窝，
棉油灯夜夜看姑嫂们纺花，
纺花声把我们的梦
缠得又密又重，
像蛛丝裹住一个槐花虫，
就是驴踢槽也惊不醒；
蟋蟀在墙根劝说织布人：

别栽嘴,再织一会就到三更!
这一切我们都不能抛丢,
怎肯忍心逃走?

还有土地——那位老乳母,
她抚育过我们几十代的祖先,
又哺养我们和儿孙;
一年四季不拾闲,
忙着张罗棉麻和粱米,
到冬天,雪盖了原野,
她还预先埋藏下麦根。
我们对她也真熟悉:
知道哪一块地有多少土坷垃,
哪一块地离家几步远,
就是黑夜没有光亮,
也能用脚试出哪一块是自己的田。
我们命定了和庄稼一样在土地里生长,
挪到别处就要枯黄。
我们不能逃走,
不能离开我们的故乡。

年来日子过得不算好,
但那都是鬼子苦害了我们的:
他不等你爬起来,就赶紧给一腿。
如今他抢到一个地方到处放火,
黑烟和火光利利拉拉几十里,
连老鸦窠也烧得不剩一个;
年轻人抓去挖战沟,背子弹,
老婆子和小妮子也被奸淫,
一不对眼就活埋或剥皮。
为了报复这些污辱与仇恨,

我们也不能逃走,

要拿起家伙跟鬼子拼一拼!

一个人是一个铁圈,

扣在一块就是坚强的铁缆,

把那载我们的大船锁靠牢稳,

永远不叫那毁灭人类的海盗击碎。

等把鬼子赶跑了,

再细细品尝那蓝天下的

倚着锄头时的一管烟的滋味罢。

十月十日,开封

附记:这里有些河南的方言,河南的老百姓是懂得的。

选自《七月》第1集第2期

苏金伞(1906—1997) 现代诗人,原名苏鹤田,河南省睢县周营村人。1925年开始诗歌创作,出版有诗集《无弦琴》《地层下》《窗外》《入伍》《鹁鸪鸟》等。《我们不能逃走》运用河南地方语言,以沉重的心情,表现日军占领下河南农民的苦难。诗人召唤农民,为了回击敌人,我们不能逃走,"要拿起家伙跟鬼子拼一拼","等把鬼子赶跑了/再细细品尝那蓝天下的/倚着锄头时的一管烟的滋味罢"。诗作质朴无华,语言鲜灵活泼,弥漫着亲切自然的人间味。

携家流徙图(1944) 张乐平 作

摇 篮 歌
——为难童们作

杨 骚

孩子们哟，酣睡着吧，
烟火虽然这么弥漫，炮火虽然这么巨大，
但有无数的我们在前面还击，一些也不要害怕！

孩子们哟，且住着哭吧，
不要惦念你炮火中的家，也不要哭着你死去的爹妈，
有朝我们挺起胸膛走时，把那日本鬼打得流水落花！
牢记住，谁是你最大的冤家，
孩子们哟！

选自《抗战诗选》，战时文化出版社1938年2月版

杨骚(1900—1957) 现代诗人，原名杨维铨，福建省漳州市人。出版有诗集《受难者的短曲》、《心曲》、《春的感伤》、《迷离》(诗剧)、《他的天使》等。《摇篮歌》是一首抗战儿歌。明白如话的语言背后涌动着奔腾的内在旋律。

谁杀死了妈妈

张克夫

（街头诗）

血，
流在地上。
妈妈的眼睛
闭上了，
永远闭上了。

孩子！
谁杀死了妈妈？

选自《晋察冀诗抄》，中国青年出版社1984年10月版

张克夫（1921—1967） 笔名席水林，山东省济南市人。出版有诗集《战士的诗》。《谁杀死了妈妈》用妈妈惨死这一血淋淋的事实，向侵略者发出了愤怒的声讨，要孩子把仇恨永远牢记在心。诗短而旨远。

血的哺养　蔡若虹　作

铁蹄下的歌女

——献给聂耳

许幸之

我们到处卖唱,
　我们到处献舞,
　　谁不知道国家将亡?
　　　为什么被人当作商女?

为了饥寒交迫,
　我们到处哀歌,
　　尝尽了人生的滋味,
　　　舞女是永远的漂流。

谁甘心做人的奴隶?
　谁愿意让领土沦亡?
　　可怜是铁蹄下的歌女,
　　　被鞭挞得遍体鳞伤。

选自《诗歌时代》,海石书店1941年11月版

许幸之(1904—1991)　现代诗人、剧作家、画家,江苏省扬州市人。著有诗集《诗歌时代》以及长诗《牧歌》《卖血的人》。《铁蹄下的歌女》是许幸之为聂耳作曲写的歌词,全诗如泣如诉,真切地表现了在铁蹄下的歌女的悲惨命运。收入本书的另一首诗作《守夜》,写出了在山谷守夜的游击战士的生活感受:"疏星在晚空惺忪着睡眼/群山成了营帐的摇篮",战士还能听到"只闻花草在地下私语/松柏在高岗上谈心"。诗作把战区的夜诗化了,守夜的战士在山谷岿然屹立。

暴行　佚名　作

我用残损的手掌

戴望舒

我用残损的手掌
摸索这广大的土地:
这一角已变成灰烬,
那一角只是血和泥;
这一片湖该是我的家乡,
(春天,堤上繁花如锦障,
嫩柳枝折断有奇异的芬芳,)
我触到荇藻和水的微凉;
这长白山的雪峰冷到彻骨,
这黄河的水夹泥沙在指间滑出;
江南的水田,你当年新生的禾草
是那么细,那么软……现在只有蓬蒿;
岭南的荔枝花寂寞地憔悴,
尽那边,我蘸着南海没有渔船的苦水……
无形的手掌掠过无限的江山,
手指沾了血和灰,手掌沾了阴暗,
只有那辽远的一角依然完整,
温暖,明朗,坚固而蓬勃生春。
在那上面,我残损的手掌轻抚,
像恋人的柔发,婴孩手中乳。
我把全部的力量运在手掌
贴在上面,寄与爱和一切希望,
因为只有那里　是太阳,是春,
将驱逐阴暗,带来苏生,
因为只有那里我们不像牲口一样活,
蝼蚁一样死……那里,永恒的中国!

一九四二年七月三日
选自戴望舒《灾难的岁月》

劫后的古城

罗铁鹰

一

为洗涤种族的仇恨
背起来福枪
我们奔走在风沙的莽原
迎击残暴的敌人

战斗催促我们
我们不息地挺进
现在　到了
这炮火揭去天灵盖的古城

呵　这神秘的黑洞
就是我们慰问的古城
时间的指爪
于葛藤的隙间
编织着这易感染的黄昏
这古城是更神秘而可怖了
疑惑是一个魔鬼的洞门

二

古城的街
没有一星灯火
没有一响最微弱的声音
除了马蹄
踏在这荒凉的街路上

街路回答的

这似号啕的凄音

这声音

也许是

它向我们诉说

它旷古未有的

悲惨的遭遇

  从小踏在它身上的

  谁被轮奸而死

  谁被活剥了皮

  谁被挖去了心

三

这古城

曾有过繁荣的昔日呢

流浪至此的季候鸟都知道

昔日城头曾有过拥挤的游客

  古英雄的一声长啸

集市的日子

人声滚沸着

像秋夜深山里

松涛的响鸣

那海边的破船板记得清

它做小帆的时候

曾终日奔波于

货物的载运

现在呀

全城只有十多个未死的人

没有一只牛　一只狗　或一只家禽

热力的风

扯打破败的窗门

一九三九年十月

选自《火之歌》,救亡诗歌社1943年版

罗铁鹰(1917—1985) 现代诗人,文学评论家,原名罗树藩,曾用笔名骆驼英、华莱士、周比德。出版有诗集《原野之歌》《火之歌》《海滨夜歌》《原形毕露》以及《诗论集》等。创作于1939年的《劫后的古城》,捕捉生活的具体场景,再现了侵略者劫后古城的惨象:"现在呀/全城只有十多个未死的人/没有一只牛/一只狗/或一只家禽/热力的风/扯打破败的窗门",成为同类题材中的优秀之作。

垣曲街景

罗 烽

垂死的街道上

残留着敌人的铁蹄

破瓦颓垣间

呈露着被难者的血迹

门上挂着锁

院墙缺少半边

老鸦在空院子里

窃食几粒劫后的米

呵,从死亡中逃出的人们

来去都是匆匆的

九月九日在莘庄

选自 1940 年 1 月 3 日《新蜀报·蜀道》

罗烽(1909—1991) 现代作家,原名傅乃琦,辽宁省沈阳市人。出版有长诗三部曲《碑》和短诗集《战地诗草》。"九一八"事变后,创作了不少诗歌和散文。《垣曲街景》中没有常见的直白呼喊,而是通过街道、破瓦颓垣、门锁、老鸦几个画面的点染,再现了敌人血洗后目不忍睹的景象。家园的一砖一瓦为爱而建造,如今已化为废墟。诗篇发出了受难者灵魂深处的呻吟,诗的艺术感染力也发挥到了极致。

我的牲口!我的牲口! 蔡若虹 作

废墟之外

覃子豪

在弥蒙的春雨里
我步着祖国的废墟

白骨掩没在河边的春草里
无数黑色的乌鸦从那儿飞过

兄弟们死了
春草生了
乌鸦肥了

在这儿
春天没有炮声
没有妇人和婴孩的啼泣
没有反抗的呼号
啊！啊！血啊
凝结在被轰碎的石上
废墟上开着红色的花
他们发出饥饿的叫声

啊！去吧！饥饿的农民
这儿是焦土和废墟
可是废墟外已绵延着自由的烽火

选自《抗战文艺》第1卷第7期

覃子豪（1912—1963） 现代诗人，原名覃基，字天才，四川省广汉县（今广汉市）人。出版有诗集《自由的旗》《海洋诗抄》《向日葵》《画廊》。抗战时期，以发表《废墟之外》《战争给我以爱情》《两个掷弹兵》《伤兵的灰军毡和手杖》等诗作受到了诗歌界的重视。1947年赴台湾后继续从事诗歌创作。

劫后（粉画） 符罗飞 作

人造地狱

刘心皇

低飞扫射的敌机过去了，
大炮声炸弹声停息了，
一批批人面兽心的家伙们，
如潮水般的涌过来了！

野兽在咆哮，
野兽在舞爪，
无助的呼救声响彻云霄，
无望的哭泣声震动大地。

无数人倒在血泊里，
无数的人在树枝上倒挂，
无数的人被刺上武士刀，
无数的人头在地上滚！

有的人只剩一只手，
有的人只剩一只腿，
有的人只剩一腔胸膛，
有的人只剩一撮头发！

野兽狂笑着，
作杀人的比赛。
杀一人割下一只耳朵，
枯瘦的是八十老翁的耳朵，
嫩小的是三个月小孩的耳朵，
这一串串的耳朵，
是他们疯狂的业绩！

无数的人被赶到江里，
人的呐喊，人的哀泣，
无数的手在水面上摇，
垂死的眼睛张望着岸上，
岸上，只有野兽，只有魔鬼！
一片绝望的嘶叫，……
苍苍然蓝天欲坠了！

这龙盘虎踞的古城，
这赫赫有名的帝都，
这代表东亚第一次出现民主的盛京，
如今是，满街的炮灰，
满街的尸体，满街的断首残肢，
满街的火焰，
如今是，鼠辈横行，野犬乱窜！

他们，那些人面兽心的家伙们，
他们在摧毁善良的一切，
他们的行动在嘲笑他们自己，
他们在污辱他们的历史，
他们在讽刺他们的"武士道"，
他们在玩弄他们的天良，
他们用血洗去：
人类的庄严，纯洁，诚实……
一切美好的东西！
他们在舔着刀上的鲜血，
他们在疯狂地狞笑！

烧、杀、抢劫……在这样的毁灭中，
得到一种真理的启示：
终有一天，
这染满血迹的刀，

会刺向他们自己!
想杀绝一个民族,
是痴人疯狂的妄想!

选自《人间行吟》,人间书屋1987年版

刘心皇(1915—1996)　现代作家,笔名明园、衣鱼、星朗、高天等,河南叶县人。出版有散文集《辉河集》《挥不掉的影子》《岛上集》《春华秋实》《生之歌》《青春之歌》《浮世绘》《生命的灯》《播种集》,长篇小说《砦园里》《春风新曲》,文艺评论集《抗建文学论》《文坛往事辨伪》《从一个人看文坛说谎与登龙》,诗集《人间集》《平原诗草》《伟大的日子》,传记《郁达夫与王映霞》,杂文集《人间随笔》《悟庐闲笔》《书海风云》,文学史著作《二十世纪的中国散文》《现代中国文学史话》等。《人间地狱》选自1987年人间书屋发行的总诗集《人间行吟》。诗作真实地揭露了日军占领南京后制造的人间地狱惨象。

亡国是可怕的

李金发

几万万有血肉,有性灵的赤子啊!
你们难道不觉得,
一种死的恐怖,灭亡的威胁,
笼罩着扼制着我们?
没有一刻,我们能自由地呼吸,
没有一句话,能自由地宣说,
没有一年能愉快地度过,
好像我们是再不许在人间生存!
原来一个狠毒的恶魔,
正在吸收我们的血液,
无时不向我们张牙舞爪,
他吞食我们祖先遗留的福地,
屠杀走投无路的同胞,
驱使饥饿的兄弟作牛马;
不出百年这恶魔定使我们灭种,
祖先的田园庐墓,
便成为他的牧马草场,
几万方里的乐土,
将为他盘踞着,
自然地繁殖他的魔种!
遍地是魔足声相应和,
无数的人将在各处行其过度的鞠躬,
隆隆的飞机巨炮之音,
使地下冤死的人片刻不安,
不,那时我们的灵魂也被震碎,
骨屑也会给他作铺路的材料。
假如有少数生存华胄,
定被囚入动物园供其子孙凭吊,

或马戏场中献技作揖,
供他们欢笑,但鼻上必不忘
加上铁链,手脚必得加镣,
肌肤上必得文身,
到没有呼吸时候为止!

选自《抗战诗选》,战时文化出版社1938年2月版

李金发(1900—1976) 现代诗人,雕塑家,广东省梅县人。出版有诗集《微雨》《为幸福而歌》《食客与凶年》《异国情调》等。《亡国是可怕的》以满腔的激愤,谴责侵略者带给中国人的可怕处境,启示人们只有反抗才是唯一生路。

血滴在路上

覃子豪

好多的受伤者
好多的担架队
一列列从街上走过

他们来自灾区
血滴在长长的路上
在路上他们用血写着控状
路是走不完的
有限的血,写不尽
无限的仇恨

选自《抗战时期的新诗作家和作品》,文成出版有限公司

假使我们不去打仗

田 间

假使我们不去打仗，
敌人用刺刀
杀死了我们，
还要用手指着我们骨头说：
　"看，
　　这是奴隶！"

一九三八年作

选自《延安文艺丛书·诗歌卷》，湖南人民出版社1984年版

　　田间（1916—1985）　现代著名诗人，原名童天鉴，安徽省无为县开城桥人。出版有《未明集》《中国牧歌》《中国农村的故事》《给战斗者》《赶车传》等多部诗集。在民族面临覆没性灾难时，田间创作的街头诗《假使我们不去打仗》等诗作，格调高昂激越，节奏急促明快，旋律回环往复，如进军的鼓点，召唤着读者奔赴战场，向侵略者讨还血债。诗人的诗句短促而精悍。有时，文字的浩瀚是重负。田间的诗则卓然一句，尽得风流。田间这一时期的诗歌，展现了中国人民乐观向上的精神风貌和不畏强敌的英雄气概。田间曾被闻一多誉为"时代的鼓手"，被胡风称作"抗战诗人和民众诗人"。本书还收录有田间的《义勇军》《山中——题贺龙将军》《坚壁》等诗作。

仇恨（木刻）　陆田 作

轰 炸 吧

荒 冰

轰炸吧,
强盗们!

我们有的是
 不慌不忙,
我们的脚跟
 站得很稳。

——连断砖
 也流出血水,
 牢记这仇恨。

选自《力量》,前进报社 1939 年 12 月版

心　　愿

戴望舒

几时可以升颜笑笑，
把肚子吃一个饱，
到树林子去散一会儿步，
然后回来安逸地睡一觉？
　　只有把敌人打倒。

几时可以再看见朋友们，
跟他们游山，玩水，谈心，
喝杯咖啡，抽一支烟，
念念诗，坐上大半天？
　　只有送敌人入殓。

几时可以一家团聚，
拍拍妻子，抱抱儿女，
烧个好菜，看本电影，
回来围炉谈笑到更深？
　　只有将敌人杀尽。

只有起来打击敌人，
自由幸福才会临降，
否则这些全是白日梦
和没有现实的游想。

选自戴望舒《灾难的岁月》

　　戴望舒(1905—1950)　现代著名诗人，著名翻译家，原名戴梦鸥，浙江省杭州市人。戴望舒是中国象征派的代表诗人，出版的诗集主要有《我的记忆》《望舒草》《望舒诗稿》《灾难的岁月》等。国土沦丧，诗人在香港被日军逮捕入狱。《我用残损的手掌》表现了诗人对祖国的一片炽热真情。诗人用暗示、对比、烘托的艺术手法，创造了深沉含蓄的意境，"只有起来打击敌人／自由幸福才会降临"，全诗旋律和谐，一气呵成。

为保卫祖国而战

在中华民族到了最危险的时候,气吞山河、格调雄浑悲壮的《义勇军进行曲》,唱出了中国人同仇敌忾的心声:"我们万众一心/冒着敌人的炮火前进!"抗日将士奋起抵抗侵略者的雄风英姿,在诗人的笔下化为一首首有骨气、有血性的壮美诗篇。

中国军人深知为祖国而战的伟大意义。勃朗宁的《不准它们过来——向横断山脉》一诗,描写侵略者正在鼠头贼眼地爬向国境线,"切断我们的国际路线","扼住我们的咽喉/捏死我们"。诗歌庄严宣誓:

弟兄们
　这一次战斗
　　要决定
　　　世界上
　　　　还有没有
　　　　　中国
四万万五千万人的命运
　全交给了你们

诗歌壮志凌云、豪气冲天地宣布:"不准它们过来"!

抒写游击队抗击侵略军的战斗诗歌最为出色。许多诗歌被谱成歌曲在中国大地广泛传唱:"我们都是神枪手/每一颗子弹消灭一个仇敌/我们都是飞行军/哪怕那山高水又深!"(《游击队歌》)在抗日烽火燃烧的太行山上,游击队员战斗激情千万丈:"我们在太行山上/山高林又密/兵强马又壮//敌人从那里进攻/我们就要它从那里灭亡!"(《在太行山上》)在诗人笔下,游击队员的生活充满诗情画意。他们战斗了一夜一早晨,"用挂满露水的刺刀/割一枝红酸枣吃下你便睡了!"他们睡得又熟又甜,树影在军衣上绣起了花朵,大红枣跳到子弹带上也不知道。诗人只好嘱托蝈蝈叫醒战士:"呵,蝈蝈,你喊起他们吧/在升起笔直青烟的那边/早饭已经熟了。"(《蝈蝈,你喊起他们吧》)中国人硬是要用那双手:"田园被摧毁了/再建设/生命被伤害了/再生长/垮了/再起……"(《用那双手》)。

在有着如此昂扬士气和宽广胸襟的抗日战士面前,任何敌人都终将陷入灭顶之灾!诗人的创作灵感来自英勇杀敌的战士,战士的心灵也因诗歌而显得更加壮美。

义勇军进行曲

田 汉

起来！不愿做奴隶的人们！
把我们的血肉，
筑成我们新的长城！
中华民族到了最危险的时候，
每个人被迫着发出最后的吼声。
起来！起来！起来！
我们万众一心，
冒着敌人的炮火前进！
冒着敌人的炮火前进！
前进！前进！进！

——1935年电通影片公司摄制影片
《风云儿女》主题歌歌词

田汉（1898—1968） 现代著名的戏剧家，字寿昌，湖南省长沙市人。《义勇军进行曲》是田汉1935年为电通影片公司摄制的电影《风云儿女》主题歌写的歌词（聂耳谱曲）。在中华民族到了最危险的时候，《义勇军进行曲》发出了中国人民惊天动地的吼声。整个抗日战争时期，《义勇军进行曲》成为中国人同敌人进行殊死斗争的号角和旗帜，传唱于大江南北，平原高山，穷乡僻壤，海外侨乡。凡是有中国人足迹的地方，都能听到这动人心魄的豪迈旋律。诗与歌与时代同行，成为中国人深层人格力量的释放与抒发。

根据徐悲鸿的提议，1949年9月27日，中国人民政治协商会议第一届全体会议通过：在中华人民共和国的国歌未正式制定前，以《义勇军进行曲》为国歌。中华人民共和国第五届全国人民代表大会第一次通过集体填词的《义勇军进行曲》为中华人民共和国国歌。1982年12月4日，第五届全国人民代表大会第五次会议决定，恢复田汉作词的《义勇军进行曲》为中华人民共和国国歌。

不愿做奴隶的同胞都起来了！（1937） 张乐平 作

义 勇 军

田 间

在长白山一带的地方,
中国的高粱
正在血里生长。
大风沙里
一个义勇军
骑马走过他的家乡,
他回来:
  敌人的头,
  挂在铁枪上!

一九三八年作

选自《延安文艺丛书·诗歌卷》,湖南人民出版社1984年版

卢沟桥事件

军队进行曲

公 木

向前 向前 向前!
我们的队伍向太阳。
脚踏着祖国的大地,
背负着民族的希望,
我们是一支不可战胜的力量。
我们是善战的健儿,
我们是民众的武装;
从无畏惧,
绝不屈服,
坚决抵抗,
直到把日寇逐出国境,
自由的旗帜高高飘扬!
听!风在呼啸军号响;
听!抗战歌声多响亮!
同志们整齐步伐奔向解放的战场,
同志们整齐步伐奔赴敌人的后方;
向前向前我们的队伍向太阳,
向华北的原野,
向塞外的山岗!

——1939年秋 延安

选自《新歌手册》,新光音乐研究社1942年2月版

公木(1910—1998) 现代诗人,原名张永年,后用名张松如,河北省束鹿县(今辛集市)北孟家庄人。出版有《鸟枪的故事》《哈喽胡子》《中华人民共和国颂歌》《十里盐湾》《黄花集》《崩溃》等诗集。1939年创作的《军队进行曲》,1942年收入新歌音乐研究社编《新歌手册》,1990年收入时代文艺出版社《公木自选诗集》时改题目为《八路军进行曲》,文字也略有改动。在解放区和中华人民共和国成立后,《军队进行曲》以其不可阻挡的气势,豪迈庄严的旋律,一直长期传唱。本书还收录有公木的诗作《子夜岗兵颂》和《风箱谣》。

整装待发的勇士（木刻）　罗亚伟　作

抗日铁军新四军

兵车向前方开

臧克家

耕破黑夜,
又驰去白日,
赴敌千里外,
挟一天风沙,
兵车向前方开。

兵车向前方开。
炮口在笑,
壮士在高歌,
风萧萧,
鬃鬃在风里飘。

1938 年 4 月 23 日赴汉口车中

选自《臧克家诗选》,人民文学出版社 1956 年版

臧克家(1905—2004) 现代著名诗人,山东诸城县(今诸城市)臧家庄人。臧克家诗歌创作内容丰富,艺术风格鲜明,出版的主要诗集有《烙印》《罪恶的黑手》《自己的写照》《运河》《从军行》《泥淖集》《淮上吟》《呜咽的云烟》《泥土的歌》《古树的花朵》《十年诗选》《宝贝儿》《生命的零度》《冬天》《挂红》等。这首诗是诗人抗战初期的作品,展现了当时全国人民共同抗日、一致赴敌的乐观气氛。

开赴前线　黄新波　作

到敌人后方去

启 海

一

（男）　到敌人后方去把鬼子赶出境，
　　　　到敌人后方去把鬼子赶出境！

（合）　不怕雨，不怕风，
　　　　包后路，出奇兵，
　　　　今天攻下来一个村，
　　　　明天夺回来一座城，
　　　　叫鬼子顾西不顾东，
　　　　叫鬼子军力不集中。

（女）　到敌人后方去把鬼子赶出境，
　　　　到敌人后方去把鬼子赶出境！

（合）　两路夹攻才能打得赢，
　　　　两路夹攻才能打得胜！
　　　　到敌人后方去把鬼子赶出境，
　　　　到敌人后方去把鬼子赶出境！

二

（男）　到敌人后方去把鬼子赶出境，
　　　　到敌人后方去把鬼子赶出境！

（合）　不论西，不论东，
　　　　从北平，到南京。
　　　　到处有我们游击队，
　　　　到处有我们好弟兄，
　　　　看日本军阀有什么用，
　　　　看日本军阀有什么用？！

（女）　到敌人后方去把鬼子赶出境，
　　　　到敌人后方去把鬼子赶出境！
（合）　我们的旗帜插遍了东三省，
　　　　我们的旗帜插遍了黄河东！
　　　　到敌人后方去把鬼子赶出境，
　　　　到敌人后方去把鬼子赶出境！

选自《新歌初集》，新知出版社1941年5月版

射击手　新波　作

八百好同胞

冯玉祥

八百好同胞,
阵地守得牢。
决心为国死,
对敌把战鏖。
全国军人都如此,
倭寇还向哪里跑。

选自《冯玉祥诗选》,四川人民出版社1982年版

上海"八一三"抗战期间,有八百官兵,据守四行仓库。他们爱国热情高涨,不接受上峰的撤离命令,孤军作战。他们的精神鼓舞了军民的抗战热情。

好男要当兵

白崇禧

桃树开花叶子青,莫说好子不当兵!
　当兵才算是好子,好铁才能打好钉。
提起当兵莫要愁,喝杯甜酒醉心头!
　甜酒解得心头苦,当兵才会报国仇。
月季花开朵朵香,好马要有好鞍装;
　好女要配英雄汉,拿枪前去打强梁。
从前有个木兰姐,也曾代父去从军;
　今朝也有英雄女,劝哥莫枉做男人!
月到初三月又弯,曾记当年打龙潭:
　一到北伐成功日,钢军盛名天下传。

选自《抗战诗歌选》,正中书局1941年2月版

白崇禧(1893—1966)　广西桂林人,抗日将领。《好男要当兵》用通俗的比喻,说明当兵"报国仇"的男人才是真正的男子汉。诗虽浅显,却很亲切。《抗战诗歌》所选大部分诗作,都是在艺术上别有一格之作。但兼顾抗战这一特殊的历史年代,诗选的内容也有着较大的扩展,既着眼于诗人上乘之作的选录,又适当地选入了一部分虽非诗人作品但较好地传达了时代情感和心绪的作品。《好男要当兵》就属于这种闪耀着平民之光的诗作。

在太行山上

桂涛声

红日照遍东方,
自由之神在纵情歌唱。

看吧!
千山万壑,
铜壁铁墙,
抗日的烽火燃烧在太行山上,
气焰千万丈!

听吧!
母亲叫儿,
打东洋,
妻子送郎上战场。

我们在太行山上,
我们在太行山上,
山高林又密,
兵强马又壮。
敌人从那里进攻,
我们就要它从那里灭亡!
敌人从那里进攻,
我们就要它从那里灭亡!
灭亡!

选自《新歌初集》,新知出版社 1941 年 5 月版

松林行军(木刻)　　王琦　作

出 太 行

朱 德

一九四〇年五月,经洛阳去重庆谈判,中途返延安。是时抗战紧急,内战又起,国人皆忧。

群峰壁立太行头,
天险黄河一望收;
两岸烽烟红似火,
此行当可慰同仇。

选自《延安文艺丛书·诗歌卷》,湖南人民出版社1984年版

朱德(1886—1976) 著名政治活动家,军事家,字玉阶,四川省仪陇县人。抗日战争时期有诗作发表,后出版有《朱德诗选》。《出太行》是抒写个人情感之作,开篇气势不凡,借写景以抒情,群峰壁立、天险黄河、两岸烽烟,写出了这场反侵略战争的残酷。而此时内战又起,使这位军事指挥家不免又心事沉重。但是诗人"此行当可慰同仇"的信心,使全诗又表现出乐观的基调。

斗争中的铁骑(木刻) 梁永泰 作

山　中
——题贺龙将军
田　间

师长飞马上山
谁也不曾听见
那马蹄一响
他已到半山间

枪林弹雨中
他走上山
勒马一看
人像立在马上
要扑下山
全山陡地一惊

将军轻轻地
冷声一笑：
"一块石头
也不许他侵犯！"

那匹马、又高
又红的骏马
不用人牵
崖前姗姗踏踏
如一轮红日
搭着一副铜鞍

将军背倚岩石
冷笑转成欢笑
抽烟闲谈中

打完大歼灭战①

选自1946年8月1日《晋察冀日报》

后面又杀出一支人马,打得日寇走投无路(木刻)——平型关连续画之一　　江丰　作

---

①　即有名的陈庄歼灭战。

蝈蝈,你喊起他们吧

魏 巍

战斗了一夜一早晨,战士呵,
用满挂露水的刺刀,
割一枝红酸枣吃下你便睡了!

睡得这样甜呵,
树影在你的军衣上绣起了花朵,
大红枣跳到子弹带上你也不知道。

螳螂,你这个勇敢美丽的昆虫,
也站在战士的脚上,触须轻轻舞动。
你可是在偷看他们的梦?
你可曾看见,在他们的梦里:
手榴弹开花是多么美丽,
战马奔回失去的故乡时怎样欢腾,
烧焦的土地上有多少蝴蝶又飞上花丛!

呵,蝈蝈,你喊起他们吧!
在升起笔直的青烟那边,
早饭已经熟了。

1941年9月24日易县铁管沟门反"扫荡"中
选自《黎明风景》,人民文学出版社1955年版

不准它们过来

——向横断山脉

勃朗宁

在播音机的后面
　四万万五千万张嘴大张着
　　向你们
　　　守望横断山脉的
　　　　英勇的部队
　　　　　呼出了

决战的口号
　"不准它们过来！"
　"不准它们过来呀！"

千万只眼睛
从望远镜的镜片里
贪婪地望着你们
防卫保山
——祖国的睫
昆明
——南中国的眼睛

那出现在云雾弥漫的山谷风
　愣头愣脑的
　　掩护在坦克后面
　　　鼠头贼眼地
　　　　循着滇缅公路
　　　　　爬向国境来的
　　　　　　日本仔们

它们企图
　　切断我们的国际路线
　　　不准我们
　　　　走近一个海港
　　　　　运载
　　　　　　战争筵席上的
　　　　　　　花生米呀

它们妄想
　　扼住我们的咽喉
　　　捏死我们

弟兄们
　　这一次战斗
　　　要决定
　　　　世界上
　　　　　还有没有
　　　　　　中国

四万万五千万人的命运
全交给了你们

弟兄们
　　我们再没有土地
　　　给敌人放马啦
我们也不能
　　被围困
　　　在
　　　　敌人的包围里
　　　　　静待
　　　　　　死亡的来临

弟兄们
　　守住你们的碉堡
　　叫子弹的暴风雨
　　吆喝
　　　　在横断山脉里
游击在北缅的同志们
　　抖一抖滇缅路的尾巴
叫怒江
　　变成一条红河吧

中国
　　把命运
　　　　交给你们
　　　　"不准它们过来！"
"不准它们过来呀！"

三十一年五月江安文庙
选自 1942 年 6 月 3 日《华西日报》

探察（木刻）　铁华　作

全国总动员（1938） 沃渣 作

我们的雪天

孙 钿

雪落在游击队员的枪上,
就轻轻融掉,干掉……
裸着的妇女,
死在雪地里。
雪,
红了。

今天没有炊烟,
今天没有云朵,
今天的屋子
冷清清。
沟边:
田野:
林里:
枪,
在喧噪。
阿万的女人,
踏着雪,
打冲锋。
她要用敌人的血
来洗清遭到的侮辱。

在一盏小油灯的火光下:
阿万曾说过他的女人是
绑得紧紧地才被鬼子强奸了的……
村里的早晨,
已经听不到鸡啼了。

天空飘了一夜雪花，
大地又给遮得洁白。
傍晚：
雪，
红了的时候，
阿万的女人也回来了。
她带来了十多支枪，
还有无数发枪弹。
她愉快地说：
我好像找到了一个美丽的伴侣。
但是把它分给你们吧，
明天呀，
我还得去找！

选自1938年2月15日《新华日报》

孙钿(1917—2011) 现代诗人，原名郁钟瑞，郁文源，上海人。抗日战争爆发后，从日本回国参加抗战。出版有诗集《击退敌人去》《旗》《望远镜》等。《我们的雪天》展现了壮丽而又惨烈的一幕：一个受日寇欺辱的妇女从灾难中站起，"踏着雪/打冲锋"，"她要用敌人的血/来洗清遭到的侮辱。"到了傍晚，她果然带回了十多支枪，还有无数发枪弹。几笔漫不经心的点染里，一个女游击队员的形象跃然而出。

突击（木刻） 罗清桢 作

游 击 队

杜 谈

鬼子少来,我们打,

鬼子多来,我们避,

鬼子走了,我们追。

声东实击西。

正面不作战,

专打鬼子背。

三五人,成一群,

几十几百为一队,

毛瑟、梭镖都可以。

中华民族将亡了,

同胞们,

赶快组织游击队。

1937年冬

选自《杜谈作品选》,湖南文艺出版社1987年11月版

杜谈(1911—1986) 现代诗人,原名杜兴顺,笔名窦隐夫,河南省内乡县人。出版有诗集《还乡记》《火》《囚人之梦》。《游击队》质朴自然,是抗战初期游击队员灵活出击、陷敌于灭顶之灾的生动写照。

每一个农人都是好兵士　　赵望云　作

游击队部的夜

魏 巍

游击队前方的夜，
多么的静呵！
只有窗外蛙声如潮。

灯下，
小鬼们讨论着政治课，
那么热闹，
队长在写战斗报告。
突然，炮声在近处响了……
但像没有这事，
小鬼们依然讨论着政治课，
队长在写战斗报告。

作客的虽然心里慌，
但不好说；
只听着窗外的蛙声如潮……

选自《黎明风景》，人民文学出版社1955年版

魏巍（1920—2008） 现代著名作家，曾用笔名红杨树，河南省郑州市人，出版有诗集《黎明风景》《不断记》等。抗战时期魏巍的诗作虽然不多，却较为集中地表现了诗人独特的艺术个性。选入本书的《游击队部的夜》《高粱长起来吧》《蝈蝈，你喊起他们吧》，通过对蛙声的渲染，与高粱、蝈蝈的对话，创造出诗情画意的抒情气氛。抗日战士乐观的精神、开阔的胸怀、必胜的信念，尽在作者营造的这无言的艺术氛围里。诗作虚实并生，意象中含有丰富的生命隐喻。

农民游击队（木刻）　叶立平　作

伟大的游击　蔡若虹　作

游击队歌

贺绿汀

一

我们都是神枪手,
每一颗子弹消灭一个仇敌,
我们都是飞行军,
哪怕那山高水又深!
在密密的树林里,
到处都安排同志们的宿营地,
在高高的山岗上,
有我们无数的好兄弟!

没有吃,
没有穿,
自有那敌人送上前,
没有枪,
没有炮,
敌人给我们造,
我们生长在这里,
每一寸土地都是我们自己的,
无论谁要强占去,
我们就和他拼到底。

二

哪怕日本强盗凶,
我们弟兄打起仗来真英勇!
哪怕敌人枪炮狠,

找不到我们的人和影,
让敌人横冲直撞,
我们的阵地建在敌人侧后方,
敌人战线越延长,
我们的队伍越扩张。

不分穷,
不分富,
四万万同胞齐武装!
不论党,
不论派,
大家都来抵抗!
我们愈打愈坚强,
日本的强盗一定走向灭亡,
看最后的胜利日,
世界的和平现曙光。

选自《新歌初集》,新知出版社1941年5月版

贺绿汀(1903—1999) 现代著名音乐家,原名贺楷号,湖南省邵阳市人。贺绿汀的《游击队歌》以昂扬明快的旋律,唱出了游击队员乐观自信的精神风貌,成为抗战名曲,传唱一时。它穿越岁月的阻隔,至今仍引起读者的共鸣。

青 纱 帐

温 流

青纱帐,
咱们的城墙!
咱们握着刀,握着枪,
在它底下来来往往,
在黄沙底下来来往往,
叶缝里,梗缝里,
咱们看准敌人就放,
一个个弹子,
打进敌人的胸膛;
叶缝里,梗缝里,
咱们的刀闪着光,
咱们的枪闪着光。

青纱帐,
咱们的城墙!
它保护着咱们,
它养活咱们,
敌人可用刺刀
迫着咱们老乡,
迫他们把高粱斩光。
弄倒了青纱帐,
抢去了田地米粮,
可教聪明了咱们老乡,
丢了锄头,握起个枪,
伴着咱们守望,
守望咱们的田地家乡!

青纱帐,
咱们的城墙!
咱们东奔西走,
咱们在炮火里死亡,
咱们在炮火里生长,
咱们给炮火炼成了钢。

五年了,五年了,
仇恨刻在咱们心上,
咱们喊:"抗日到底!
不卖国,不投降!"
咱们联合起来了,
十万支枪,廿万支枪,
筑成咱们新的青纱帐!

青纱帐,
新的青纱帐!
咱们钢的城墙!
守住咱们的田地,
守住咱们的家乡;
咱们要用血,用肉,
让它长得坚固,久长;
它,新的青纱帐,
永久不会倒下,
永久伴着咱们冲锋,打仗!
一直到咱们把敌人赶个精光!

1936年6月6日夜

温流(1912—1937) 现代诗人,广东梅县人。著有诗集《我们的堡》《最后的吼声》《温流诗选》等。温流的《青纱帐》是最早以《青纱帐》为题创作的抗日诗歌。抗日战争爆发后,同题诗作陆续出现,反映了抗日军民同侵略者进行殊死斗争的英勇气概和乐观主义精神。

高粱长起来吧

魏 巍

（夏天来了
　　战士们好像这样低唱着）

高粱长起来吧，
高粱长起来吧！
我们要去铁路东，
那大平原上逛一逛呀！

大平原，
一眼望不到边的
绿汪汪的海呵！

我们到那里去随便地逛逛，
背起我的小马枪，
把手榴弹别在腰里。
顺便到保定城也去逛逛吧！
好久不见的城，
好久不见的街道，
好久不见的生意呀！

跟好久不见的老乡
见一见面，我敢说
那儿的老头儿、小兄弟、姑娘们，
在合着嘴巴想我们哩！

呵呵，山哪，
不管你多少野花

都留不住我,

放过夏天

就是我们游击队最好的年成呵!

高粱长起来吧……

1939年5月于易山县东山南村

选自《黎明风景》,人民文学出版社1955年版

子夜岗兵颂

公　木

一天鳞云，
筛出了几颗疏星，
相映溪流呜咽
是谁弹奏起这一阕乡曲，
四周低吟着断续的秋蛩
远处一点孤灯，
像一点流萤，
明灭在有无中
画出了无涯的黑暗，
也画出了山影重重。
你可敬的岗兵手把着枪托，
挺立在路口面迎着西风，
一声口令，
钉住了近前的人影，
一声口令，
钉住了近前的人影，
当众人安息在梦乡时，
你却独自个掌握着安全保卫着和平。
你却独自个掌握着安全保卫着和平。
西风吹破了你的脸，
也要吹破这无涯的黑暗吧！
在重重的山影之东，
黎明也伸开了翅膀。
你就要浴在灿烂的晨曦里了，
晨曦将照得你的脸儿绯红，
你可敬的岗兵啊！

守望　铁华　作

守 夜

许幸之

我守夜在谷间
　周围尽是黑暗
疏星在晚空惺忪着睡眼
群山成了营帐的摇篮

我守夜在山林
　一切全已安静
只闻花草在地下私语
松柏在高岗上谈心

我守夜在水边
　同志们早已入睡
流泉滔滔地向群石宣传
群石对流泉鼓掌欢呼

我守夜在月下
　枪刺在我肩上闪光
谁敢闯进我的岗位啊
谁就会在我刺刀下死亡

选自《文艺生活》第 2 卷第 4 期，1942 年 6 月 15 日

北战场的哨兵（木刻）　力群　作

西北哨兵

曹葆华

顶着半边蓝天

顶着一轮红日

站在黝黄的山坡上

——脚上倒着黑黑影子

你似三尺白钢刀

作民族守望哨

不怕塞外尘河

不怕岭外风暴

睁着一双火红眼睛

——眼皮从不爬上疲劳

控制着群山万壑

天下第一险道

选自《中国文化》第 1 卷第 2 期,1940 年 4 月

曹葆华(1906—1978)　现代诗人,翻译家,四川省乐山县(今乐山市)人。出版有《寄诗魂》《落日颂》《灵焰》《无题草》等诗集。《西北哨兵》以凝练的诗句,浮雕般地浮现了一个"眼皮从不爬上疲劳""控制着群山万壑"的哨兵英姿。

民 兵

赵自评

民兵们带着枪和锄头下地了,
枪架在绿色的庄稼地里。

民兵们弓着腰竞赛似的锄着野草,
那一滴一滴的汗珠亮晶晶的
从肥大的绿叶子上,
滚落到松软的泥土里。

看那一闪一闪的蠕动着的黑影,
敌人的队伍又来了。
民兵们放下锄头拿起枪,
在容易放射的地方隐藏起来。

瞄准那个骑马的家伙,
还有那个打着旗的大个子……

放射吧,一齐放射吧,
多有劲多清脆的三八枪的响声啊,
子弹飕飕的从绿庄稼上飞过去。
民兵们跳起来大笑了,
大红洋马空着鞍子在飞跑,
飘飘摇摇的太阳旗躺下了。

1942年夏于延安

选自《延安文艺丛书·诗歌卷》,湖南人民出版社1984年版

当敌人搜山的时候(1943)　彦涵　作

（一）下士靳勤书，廿九岁，河南濮阳县人，是一个勇敢爱国的男儿。去年九月西相王战役，他由营长派往前线各连送达命令，在途中，遇着敌兵百余人，被击伤了右腿。

（二）靳勤书见了仇人已愤恨异常了，且又被他们打伤，于是忍痛跑上西山坡上，选择地势，沉着射击，结果打死了十八个敌兵。

（三）相持三小时，最后敌人从他背后的高处包围过来，靳勤书看见这种情势，便静静地等候着。待敌人走近了，他迅速地将手里的手榴弹掷出去，消灭了敌人，而他也壮烈殉国。

传令兵靳勤书（木刻）　　梁永泰　作

选自《文艺阵地》第3卷第10期，1939年9月1日

刘 黑 疤

蒂 克

刘黑疤,
握着勃朗宁,
骑着枣红马,
挟着一个半死的倭寇大佐,
打岩石欲坠的山顶上
急速地驰下。

敌人的骑兵队,
如一条飞蛇,
紧紧地追在后面,
踢起了山路的尘沙。

骑兵队不敢开枪,
生怕误杀了被俘的大佐;
刘黑疤急鞭着红马,
豆大的汗珠,
在额角上滚着。

荒草绿林埋住了山径,
看,山半腰
已驰下了猛烈的追兵!
这危险的刹那呵,
山林已吓得不敢抖动。

刘黑疤竖一竖浓眉,
紧一把缰绳,
挥一把豆大的汗珠,

没入了浓密的林丛。

苍茫的绿树林子的海,
进出了机枪的咯咯的笑声;
倭寇的兵队
如一窝无王的蜂,
慌乱的互相践踏着,
向四山逃生!

枣红马闪驰在绿树林子里,
刘黑疤袒露着
毛茸茸的紫胸,
他惊人的响亮的口哨,
唤出了游击队的
粗壮的弟兄。

选自《西南文艺》第 2 期,1942 年 1 月

蒂克(1918—1965) 原名考昭满,山东省潍县人。出版有诗集《小兰花》。本诗以简洁的笔触,曲折的情节,塑造了刘黑疤这一栩栩如生的游击队员形象。刘黑疤擒获了日寇大佐,巧妙地躲过敌人骑兵队的追赶,然后用响亮的口哨,唤出游击队的弟兄,打得敌人互相践踏向四面逃生。这个生动的战斗画面,是中国军人抗日生活的一个侧影。

扫荡　梁永泰 作

情　话

雪　牧

姑娘，你瞧——
今天的阳光多好
今天四野的景致多美
这是春天。
我在你的窗下
吹着轻快的口哨
怀着从未有过的欢欣
我来向你告别——

不要惊奇
我将赶着春天去战斗
（战斗啊，多么美丽的名字！）
你且备下一条纱布
假若我因战斗而受伤了
你就用它给我裹上创口

你且备下一张草席
假若我因战斗而死
就把我裹着埋在那小河的岸边
让我长久地听小河歌唱，
而你呀
千万不要掉一颗泪
赶紧拾起我的剑。

你且备下一枚勋章
倘若我战胜了带着笑回来
你就将它佩在我胸际

然后，我们拥抱着
同去春天的广场
参加千万人的祝捷会……

现在，我走了
不要伤心
不要用衣襟揩抹眼角
你好好的在家看管牛羊
记住——
一切都为了战斗
哪怕是我们的爱情……

选自 1943 年 6 月 23 日《新蜀报》

爸　爸

庄　言

爸爸
从高粱丛中归来
夜间带去的手榴弹
悄然溜走了
手上提着
死人所赠予的礼物
而且都粘贴着
太阳旗的商标

选自1941年4月6日《新蜀报》

庄言(1915—2002)　现代画家,江苏省镇江市人。《爸爸》通过儿童视角,展现了抗日游击队员神出鬼没、消灭敌人的战斗风采。

全民总动员

　　战争是毁灭。战争摧毁着人类存在的一切稳定性和确定性,但人类能够制止战争。如果说"为保卫祖国而战"这一部分诗作着重展现的是抗日战士的英姿,那么"全民总动员"这一组诗则是从整体上对抗日民众精神风貌的讴歌。

　　孩子被防空洞外敌机投弹的轰鸣声吓哭了,年轻的慈母佝偻着背,"把干枯的乳头／搪塞到小喉咙里／让乳头被吸得焦痛","即使背脊和手和腿折断／都不一分钟放弃那／保卫稚弱的孩子的责任","永远抚养而且保卫着／我们民族的后一代的子孙"(《伟大的慈心》)。

　　这里是四个抬着担架的年青姑娘:"担架床,一起一伏／沉甸甸地,压在她们的肩上";"上坡来／她们并不休歇／只是换了换肩膀／拾起袄襟／抹了抹脸上滚流的汗珠儿／把垂着的青发,别到耳旁";"血滴,汗珠,脚印／零乱的留在路上"(《从前方来》)。

　　在敌占区,进城卖糕的小贩,把红红绿绿的传单压在糕下面,"他／挑着热烘烘的糕／敲着锣／在城里消失了／像一根火苗……"(《卖糕》)。

　　中国各个民族、各个阶层民众,不分男女老幼,都用自己的方式为抗日战争出力:农村年迈的推磨者,为了让战士吃到热腾腾的馒头,他们愉快地"以笨衰的脚步／踩着无数的圆圈子"(《推磨者》);四野漆黑,在军队行进的岔道口,满脸皱纹的老年妇女,为战士点亮了一盏灯,嘴里说着:"同志,明盼到黑／黑盼到亮,／盼你们就像／盼那麦子黄!"(《灯》);有的人正在用粗壮的手破路(《破路》);乞丐也走上献金台,怀着经年累月积下的五毛钱问:"我也有资格献金吗?"(《献金》)

　　一步一个脚印逆流而上的纤夫懂得自己劳作的价值,平时贪玩的儿童开始学着放哨(《放哨的儿童》);整天和书本打交道的学者,也意识到自己原有的生活和现实的不协调:"祖国大劫千载无／暴敌杀掠烧屋庐／可怜你我忒不长进／雪地冰天还要下乡收烂书"(《和杨联陞诗》)。这带有幽默意味的自嘲,实际上已经转化为抗日的责任和能量。

　　不屈的山河动容,祖国的山河是反侵略民族旺盛生命力的象征。千古绝唱《黄河大合唱》唱出了民族的活力与魂魄。那起伏连绵,山连山,山套山,一眼望不到边的大山,同样是"九曲连环鸟迷路／七十二盘鬼破胆"(《山!山!》)。连那"伛强地站立着／摇晃着你那蓬蓬的顶盖"的老榕树,以及高高的白果树,都在为赶走侵略者默默地做着贡献。

　　大苦难的年代也是民族大觉醒的年代。这一组诗艺术地再现了中国人内心的骚动与兴奋,读懂了这一组诗,就懂得了什么叫作全民抗战。

黄河大合唱

光未然

一　黄河船夫曲

乌云啊,
遮满天!
波涛啊,
高如山!
冷风啊,
扑上脸!
浪花啊,
打进船!
咳哟!
伙伴啊,
睁开眼!
舵手啊,
把住腕!
当心啊,
别偷懒!
拼命啊,
莫胆寒!
咳!划哟!
咳!划哟!
不怕那千丈波涛高如山!
不怕那千丈波涛高如山!
行船好比上火线,
团结一心冲上前!
咳!划哟!

咳！划哟！

咳哟！划哟！……

划哟！冲上前！

划哟！冲上前！……

咳哟！

哈哈哈哈……！

我们看见了河岸，

我们登上了河岸，

心啊安一安，

气啊喘一喘。

回头来，

再和那黄河怒涛

决一死战！

决一死战！

二 黄 河 颂

（朗诵词）

啊，朋友！

黄河以它英雄的气魄，

出现在亚洲的原野；

它表现出我们民族的精神：

伟大而又坚强！

这里，

我们向着黄河，

唱出我们的赞歌。

（歌　词）

我站在高山之巅，

望黄河滚滚，

奔向东南。

金涛澎湃，

掀起万丈狂澜；

浊流宛转，
结成九曲连环；
从昆仑山下
奔向黄河之边；
把中原大地
劈成南北两面。
啊！黄河！
你是中华民族的摇篮！
五千年的古国文化，
从你这发源；
多少英雄的故事，
在你的身边扮演！
啊！黄河！
你伟大坚强，
像一个巨人
出现在亚洲平原之上，
用你那英雄的体魄
筑成我们民族的屏障。
啊！黄河！
你一泻万丈，
浩浩荡荡，
向南北两岸
伸出千万条铁的臂膀。
我们民族的伟大精神，
将要在你的哺育下
发扬滋长！
我们祖国的英雄儿女，
将要学习你的榜样，
像你一样的伟大坚强！
像你一样的伟大坚强！

三　黄河之水天上来

　　（朗诵词）

黄河！

我们要学习你的榜样，

像你一样的伟大坚强。

这里，

我们在你面前，

献上一首诗，

哭诉我们民族的灾难。

　　（歌　词）

黄河之水天上来，

排山倒海，

汹涌澎湃，

奔腾叫啸，

使人肝胆破裂！

这是中国的大动脉，

在它的周身，

奔流着民族的热血。

红日高照，

水上金光迸裂。

月出东山，

河面银光似雪。

它震动着，

跳跃着，

像一条飞龙，

日行万里，

注入浩浩的东海。

虎口——龙门，

摆成天上的奇阵；

人，

不敢在它的身边挨近；
就是毒龙
也不敢在水底存身。
从十里路外，
仰望着它的浓烟上升，
像烧着漫天大火，
使你热心沸腾；
其实——
凉气逼来，
你会周身感到寒冷。
它呻吟着，
震荡着，
发出十万万匹马力，
摇动了地壳，
冲散了天上的乌云。
啊，黄河！
河中之王！
它是一匹疯狂的野兽啊，
发起怒来，
赛过千万条毒蟒，
它要作浪兴波，
冲破人间的堤防；
于是黄河两岸，
遭到可怕的灾殃；
它吞食了两岸的人民，
削平了数百里外的村庄，
使千百万同胞
扶老携幼，
流亡他乡，
挣扎在饥饿线上，
死亡线上！

如今
两岸的人民，
又受到空前的灾难；
东方的海盗，
在亚洲的原野，
放出杀人的毒焰；
饥饿和死亡，
像黑热病一样
在黄河的两岸传染！
啊，黄河！
你抚育着我们民族的成长；
你亲眼看见，
这五千年的古国，
遭受过多少灾难！
自古以来，
在黄河边上
展开了无数血战，
让累累白骨
堆满你的河身，
殷殷鲜血
染红你的河面！
但你从没有看见
敌人的残暴
如同今天这般；
也从没有看见
黄帝的子孙
像今天这样
开始了全国动员；
在黄河两岸，
游击兵团，
野战兵团，

星罗棋布，
穿插在敌人后面；
在万山丛中，
在青纱帐里，
展开了英勇的血战！
啊，黄河！
你记载着我们民族的年代，
古往今来，
在你的身边
兴起了多少英雄豪杰！
但是，
你从不曾看见
四万万同胞
像今天这样
团结得如钢似铁；
千百万民族英雄，
为了保卫祖国
洒尽他们的热血；
英勇的故事，
像黄河怒涛，
山岳一般地壮烈！
啊，黄河！
你可曾听见
在你的身旁
响彻了胜利的凯歌？
你可曾看见
祖国的铁军
在敌人后方
布成了地网天罗？
他们把守着黄河两岸，
不让敌人渡过！

他们要把疯狂的敌人
埋葬在滚滚的黄河!
啊,黄河!
你奔流着,
怒吼着,
替法西斯的恶魔
唱出灭亡的葬歌!
你怒吼着,
叫啸着,
向着祖国的原野,
响应我们伟大民族的
胜利的凯歌!

四　黄　水　谣

(朗诵词)

我们是黄河的儿女!
我们艰苦奋斗,
一天天接近胜利。
但是,
敌人一天不消灭,
我们一天便不能安身;
不信,你听听
河东民众痛苦的呻吟。

(歌　词)

黄水奔流向东方,
河流万里长。
水又急,
浪又高,
奔腾叫啸如虎狼。
开河渠,
筑堤防,

河东千里成平壤。

麦苗儿肥啊，

豆花儿香，

男女老幼喜洋洋。

自从鬼子来，

百姓遭了殃！

奸淫烧杀，

一片凄凉，

扶老携幼，

四处逃亡，

丢掉了爹娘，

回不了家乡！

黄水奔流日夜忙，

妻离子散，

天各一方！

妻离子散，

天各一方！

五　河边对口曲

（朗诵词）

妻离子散，

天各一方！

但是，

我们难道永远逃亡？

你听听吧，

这是黄河边上

两个老乡的对唱。

（歌　词）

张老三，我问你，

你的家乡在哪里？

我的家,在山西,
过河还有三百里。

我问你,在家里
种田还是做生意?

拿锄头,耕田地,
种的高粱和小米。

为什么,到此地,
河边流浪受孤凄?

痛心事,莫提起,
家破人亡无消息。

张老三,莫伤悲,
我的命运不如你!

为什么,王老七,
你的家乡在何地?

在东北,做生意,
家乡八年无消息。

这么说,我和你
都是有家不能回!

仇和恨,在心里,
奔腾如同黄河水!
黄河边,定主意,
咱们一同打回去!

为国家，当兵去，
太行山上打游击！
从今后，我和你
一同打回老家去！

六 黄 河 怨

（朗诵词）

朋友！
我们要打回老家去！
老家已经太不成话了！
谁没有妻子儿女，
谁能忍受敌人的欺凌？
亲爱的同胞们！
你听听
一个妇人悲惨的歌声。

（歌 词）

风啊，
你不要叫喊！
云啊，
你不要躲闪！
黄河啊，
你不要呜咽！
今晚，
我在你面前
哭诉我的仇和冤！
命啊，
这样苦！
生活啊，
这样难！
鬼子啊，
你这样没心肝！

宝贝啊,

你死得这样惨!

我和你无仇又无冤,

偏让我无颜偷生在人间!

狂风啊,

你不要叫喊!

乌云啊,

你不要躲闪!

黄河的水啊,

你不要呜咽!

今晚

我要投在你的怀中,

洗清我的千重愁来万重冤!

丈夫啊,

在天边!

地下啊,

再团圆!

你要想想妻子儿女死得这样惨!

你要替我把这笔血债清算!

你要替我把这笔血债清还!

七 保卫黄河

(朗诵词)

但是,

中华民族的儿女啊,

谁愿像猪羊一般

任人宰割?

我们要抱定必胜的决心,

保卫黄河!

保卫华北!

保卫全中国!

（歌　词）

风在吼。

马在叫。

黄河在咆哮。

黄河在咆哮。

河西山岗万丈高。

河东河北

高粱熟了。

万山丛中，

抗日英雄真不少！

青纱帐里，

游击健儿逞英豪！

端起了土枪洋枪，

挥动着大刀长矛，

保卫家乡！

保卫黄河！

保卫华北！

保卫全中国！

八　怒吼吧，黄河！

（朗诵词）

听啊：

珠江在怒吼！

扬子江在怒吼！

啊！黄河！

掀起你的怒涛，

发出你的狂叫，

向着全中国被压迫的人民，

发出战斗的警号！

（歌　词）

怒吼吧，黄河！

怒吼吧,黄河!
怒吼吧,黄河!
掀起你的怒涛,
发出你的狂叫!
向着全世界的人民,
发出战斗的警号!
啊——!
五千年的民族,
苦难真不少!
铁蹄下的民众,
苦痛受不了!
受不了……!
但是,
新中国已经破晓;
四万万五千万民众
已经团结起来,
誓死同把国土保!
你听,你听,你听:
松花江在呼号;
黑龙江在呼号;
珠江发出了英勇的叫啸;
扬子江上
燃遍了抗日的烽火!
啊!黄河!
怒吼吧!
怒吼吧!
怒吼吧!
向着全中国受难的人民,
发出战斗的警号!

向着全世界劳动的人民,

发出战斗的警号!

1939年3月写于延安

选自《五月花》，作家出版社1960年5月版

光未然(1913—2000)　现代著名诗人,文学评论家,原名张光年,湖北光化人。组诗《黄河大合唱》是诗人创作的史诗性作品。1939年2月光未然率领重庆军委政治部抗敌演出队第三队来延安演出,在突破敌人围攻时折伤了左臂,在延安地区医院住院治疗。音乐家冼星海常去看他。诗人与音乐家心心相印,情投意合,一个激情满怀地写词,一个夜以继日地作曲,珠联璧合,巧夺天工,终于在穷山沟里诞生了中国艺术史上的绝唱:《黄河大合唱》。5月11日,《黄河大合唱》作为鲁艺建院周年庆祝活动的重头戏正式公演。演出获得了空前的成功。这部史诗性的作品,出现于抗日战争的艰苦岁月,它为抗战发出的怒吼,"就像暴风雨中的浪涛一样,震撼人的心魄","它那伟大的气魄自然而然使人卑吝全消,发出崇高的情感,光是这一点也就叫你听过一次就像灵魂洗过澡似的"(郭沫若语)。萧三曾这样回忆《黄河大合唱》的演出盛况:"台上一时作船夫的挣扎,一时作河东父老的哀鸣,最后作黄河的怒吼。歌声时而呜咽,如泣如诉,时而悠悠然,如读幽闲的田园诗,最后直到黄河之水天上来,滚滚白浪滔天,波浪万丈汹涌,到了这里我对作品真欲五体投地了!"《黄河大合唱》诗意重重,诗情浩荡,它将永驻史册。本书特收录全诗,以飨读者。

举起我们的武器冲破敌人的防线　　杨崇德　作

全民一致　陈烟桥　作

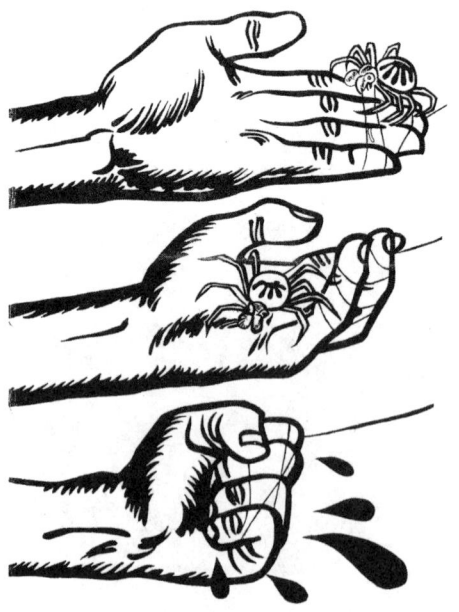

候敌深入，一鼓歼灭（1938）　张乐平　作

流亡之群（木刻）　黎达　作

军民合作抢救河堤决口　讷维　作

前驱　李洛克　作

准备武装收复失地（木刻）　　罗清桢　作

破碉堡（木刻）　　邹雅　作

云梯（木刻）　刘旷　作

伟大的慈心
——给防空洞里的母亲们

严 辰

夜是这样深沉
梦是这样深沉

警报像丧钟一样
带着凄颤与恐怖
把人们从深沉的梦中唤醒

来不及穿整衣服
来不及点亮一支灯火
人们飞着愤慨的快步
冲进了月光和薄雾的海里……

夜是这样深沉
防空洞是这样深沉

相同竖坑一样
人们从平地摸索着降下
窒闷的阴森的空气
给人以彻骨的寒冷：
湿渌的洞壁上
不时落下清凉的泉滴
渗水的碎石地
沾潮了鞋袜和衣襟
人们摩擦着、挤轧着，
然后连呼吸都不敢大声地
蜷缩在洞壁的角隅
这时，没有一个人

不在恐怖和夜寒中颤抖
不在为自己的安全而担心。

只有你们
年轻的母亲
像忘去了自己的存在，
只伛偻着背
想以慈心去抗拒顽敌
保护着你们怀中的爱儿。

敌机疯狂地投弹了
地层坍崩一样地震撼着
人们就如鸷鹫下的鸡雏
那么焦急而无助
你们却不顾惜自己
惟恐孩子会被攫
而把他搂抱得更紧更紧。

孩子给吓得哭了
哭声像一根带
抽紧着慈母的心
深怕人们责怪
你们把干枯的乳头
搪塞到小喉咙里
让乳头被吸得焦痛
对婴儿也决没有一点怨恨
哭声低沉了又昂起
你们惶恐地把小头颅
裹蒙在襟袄里
想扼住那刺一样的声音
——然而人们依然

听到了你们痛楚的心
犹如锤一样击打着胸门。

洞外那罪恶的轰响
快要把天地捣翻了
想着家屋也许正在焚烧
想着怀里的爱儿
也许下一分钟就会永远阖上眼睛
你们,慈惠的母亲们呵
怎能禁得住不泪落纷纷?

你们的慈心也碎了
站着的腿像折断一样麻了
伛偻的背脊像弓一样弯了
而敌机的暴行没有终止
你们爱护婴儿的赤忱
也永远山岳一样坚韧……

呵,在这寒寂的夜晚
靠着地狱一样
潮湿而阴冷的岩壁
让连哭都不敢大声的
婴儿的便溺撒在身上
而要从敌机的暴行中
争取生存的年轻的母亲们
你们真是多么的可怜呀!

然而,不辞辛劳
你们宁愿让自己
忍受夜寒,忍受惊惧
即使背脊和手和腿折断

都不一分钟放弃那
保卫稚弱的孩子的责任
这又是何等的值得尊敬！

不错
你们是最渺小的，
因为没有人注意你们
没有人知道你们的姓名
可是，你们不求
别人的感激和慰藉
只是抚养而且保卫着
将永远抚养而且保卫着
我们民族的后一代的子孙
——你们，年轻的母亲们呵
又有谁能比得上你们伟大的慈心！

一九四〇，九—十

选自《现代文艺》第3卷第6期，1941年9月25日

严辰（1914—2003） 现代诗人，山东省莱阳县沐浴村人。出版有诗集《战斗的旗》《晨星集》《最好的玫瑰》《繁星集》等。抗战初期在武汉、重庆参加中华全国文艺界抗敌协会工作，在《抗战文艺》《文艺阵地》发表诗作。《伟大的慈心》通过描写防空洞里母亲保护婴儿的具体细节，讴歌了具有伟大慈心的母亲在战时"抚养而且保卫着/我们民族的后一代的子孙"的高尚品格。

毕 业 歌

田 汉

同学们,大家起来,
担负起天下的兴亡!
听吧!
满耳是大众的嗟伤,
看吧!
一年年国土的沦丧!
我们是要选择"战"还是"降"?
我们要做主人去拼死在疆场,
我们不愿做奴隶而青云直上!
我们今天是桃李芬芳,
明天是社会的栋梁;
我们今天是弦歌在一堂,
明天要掀起民族自救的巨浪!
巨浪,巨浪,
不断地增长!
同学们!同学们!
快拿出力量,
担负起天下的兴亡!

1934年电通影片公司摄制影片《桃李劫》主题歌歌词
选自《聂耳歌曲选集》,音乐出版社1960年2月版

中国妇女抗敌歌

郭沫若

上前线,
上前线,
带着我们的针,
带着我们的线,
为前敌将士,
缝衣千万件。
使他们无劳后顾,
把战壕化成乐园。
站起来,
站起来,
战到最后的一天,
守到最后的一天!

上前线,
上前线,
我们也能提枪,
我们也能仗剑。
困兽犹能斗,
何况呈人面?
中华民族的死生,
担负在我们双肩。
站起来,
站起来,
战到最后的一天,
守到最后的一天!

上前线,

上前线,

已到生死关头,

已到存亡界线,

玉碎未必碎,

瓦全何尝全?

祖国纵使成焦土,

留得精神能再建。

站起来,

站起来,

战到最后的一天,

守到最后的一天!

选自《抗战诗歌史稿》,四川教育出版社1991年版

郭沫若(1892—1978) 现代著名诗人,中国现代新诗的开拓者,号尚武,学名开贞。抗日战争时期,出版有《战声集》《蝈蟈集》等诗集。本书收录的《归国杂吟》是郭沫若抗日战争爆发前后归国随兴感奋七首中的第二首,是步鲁迅《惯于长夜过春时》原韵创作。诗人在"国族临到了垂危的时候",不顾"自己一身一家的安全"(《由日本回来了》),别妇抛雏,归国请缨,表现了一个爱国诗人的高风亮节。如郭沫若自己所说,他的诗是流着眼泪吐出来的。抗日战争时期郭沫若的不少诗作都热情洋溢,激情四射,服务抗日战争的伟大事业。

丈夫去当兵

老 舍

丈夫去当兵,
老婆叫一声:
毛儿的爹你等等我,
为妻的将你送一程。

你去投军打日本,
心高胆大好光荣;
男儿本该为国死,
莫念妻子小娇身!

丈夫去打仗,
女子守家庭;
你在外边打得好,
我在家中把地来耕。

可惜我非男子汉,
不能随你投大营;
幸喜你今扛枪去,
一方之中有美名。

谁不敬重我,
丈夫去当兵;
到了前方不怕死,
保住江山万家生。

纵然是死在沙场上,
有为妻的替你守家庭;

孩子们长大来相问，
我说你爸爸去打贼兵。

为国尽忠死，
千年留美名；
父是英雄儿是好汉，
前人修路后人行。

儿子成人知爱国，
保我中华享太平；
只有那无心汉，
才在家中过一生。

丈夫去当兵，
老婆叫一声：
毛儿的爹你快快去，
为妻的不再远送行。

盼你平安回家转，
盼你多杀东洋兵！
你若不幸身先死，
英魂莫散喊杀声！

作于1938年

选自《抗战歌曲选》，人民音乐出版社1987年版

老舍(1899—1966) 现代著名作家，本名舒庆春，字舍予，满族，北京市人。主要从事小说和剧本创作，抗战时期创作了长诗《剑北篇》以及宣传抗日的通俗作品大鼓词和诗歌。老舍认为，"鼓词产生不了新诗，也不能代替新诗"，但也不应"把新诗看高，鼓词看低"(《鼓词与新诗》)。这反映了老舍对鼓词的政治期待和对新诗的美学追求。《丈夫去当兵》通过妻子送丈夫去当兵时的嘱咐，表现了妻子可贵的爱国热情。诗作采用顺口溜的形式，是作者有意识地在艺术上进行通俗化的尝试。"为国尽忠死/千古留美名/父是英雄儿是好汉/前人修路后人行"，这节诗虽然反映的是妻子的看法，同时也流露了诗人观念上的传统渊源。

山！山！

方　冰

山！山！
一眼望不到边，
像大海的波涛，
起伏，连绵。

山连山，
山套山，
翻过一架山，
又是一架山……

插箭岭，
倒马关，
九曲连环鸟迷路，
七十二盘鬼破胆。

我们像
大海的鱼儿，
自由自在
浪涛里钻。

登高一呼，
万山响应，
草木听命，
山随人意转。

任凭你
撒下天罗地网，

日本鬼子!

管叫你网破船翻。

写于1940年秋季反"扫荡"中
选自《战斗的乡村》,作家出版社1957年版

方冰(1914—1997) 现代诗人,原名张世方,安徽省淮南市人。出版有诗集《战斗的乡村》《飞》。在民族灾难的年代,祖国的山川河流,一草一木,都是诗人的赞美对象。山川寄寓着诗人的美学理想,是一道美不胜收的生命风景线。方冰的《山!山!》,诗题中的两个惊叹号,首先就从视觉上给读者造成了强烈的冲击。这一眼望不到边的大山,这起伏连绵的大山,这山连山山套山的大山,这翻过一架山又是一架山的山……诗人极写山的雄伟险峻,最终还是为了写人,写让敌人面临灭顶之灾的游击队员。

顾后路以进前阶　蔡若虹　作

嘉陵江上

端木蕻良

那一天，

敌人打到了我的村庄。

我失去了我的田舍，家人和牛羊。

如今我徘徊在嘉陵江上，

我仿佛闻到故乡泥土的芳香。

一样的流水，一样的月亮，

我已失去了一切欢笑和梦想。

江水每夜呜咽地流过，

都仿佛流在我的心上。

我必须回到我的家乡，

为了那没有收割的菜花，

和那饿瘦了的羔羊。

我必须回去，

从敌人的枪弹底下回去；

我必须回去，

从敌人的刺刀丛里回去；

把我打胜仗的刀枪，

放在我生长的地方！

选自《中国名歌集》，文汇书店 1942 年 11 月版

端木蕻良（1912—1996） 现代作家，原名曹京平，辽宁省昌图县人。长期致力于小说创作，偶有诗作发表。《嘉陵江上》中主人公的家乡，已经被侵略者占领。诗作真实地表现了主人公虽然身在嘉陵江，心已经飞回故乡的怀乡思绪。

嘉陵纤夫　　段干青　作

从 前 方 来

左 平

山的脊背驮着红太阳,
在树林深处的路上,
忙匆匆的过来四个青年姑娘,
抬着一副担架床。

她们!
大脚,粗腰,阔肩膀,
像男子汉一样地健壮。

挽着裤脚,
鞋袜尽被露水泥土染脏。
一个个风尘满面,
落叶挂在她们的发间,
又被西风吹在地上。

担架床,一起一伏,
沉甸甸地,压在她们的肩上,
绳索磨着木杆——
"吱咯,吱咯"着实有些分量!

"伤号吗?"
"嗯!"
"从哪里来?"
"前方!"
"往哪儿送?"
"后方!"

上坡路！

前面，弯着腰；

后面，把担架杠顶在头上。

一步一步地拔，

一口一口地喘，

使尽了全身的力量。

应该休歇了，

上坡来，

她们并不休歇，

只是换了换肩膀，

拾起袄襟，

抹了抹脸上滚流的汗珠儿；

把垂着的青发，别到耳旁。

"走！"

脚步一齐忙，更紧张；

脚下的暴土，更飞扬。

血滴，汗珠，脚印，

零乱的留在路上。

血！

汗！

前方——后方，

　　战士为人民；

　　人民为战士，

　　可爱的中华儿女呀，

　　全是忠心热肠！

选自《胶东文艺》第 4 期

左平(1905—1976)　女，剧作家，诗人，原名张式源，又名安娥，曾用名何平、左平等，河北省获鹿县(今鹿泉市)人。曾出版诗集《燕赵儿女》《海石花》等。《从前方来》描写抗日战争时期四个青年姑娘抬着担架送伤员回后方的情景。她们风尘满面,走着上坡路,"一步一步地拔,一口一口地喘","血滴,汗珠,脚印,零乱的留在路上"。诗人通过这一生活片断,生动地展现了女担架队员的内心世界。

支前　佚名　作

岂有这样的人我不爱他

（舞台剧《雪地春花》主题歌）

施　谊

岂有这样的人我不爱他？
岂有这样的人我不爱他？
他是个血性男儿不要家——
　　但是我爱他。
他是个真情汉子从不玩虚假——
　　这才值得人牵挂。
就说他是个穷人也罢，
　　有钱岂买得着情无价？
就说他是个犯人也罢，
　　是为什么他才去背犯人枷？
他是这样爱得真，爱得深，爱得大，
他爱一切可爱的人，可爱的东西，可爱的花！
　　他和祖国的命运不分家，
　　他和祖国的命运不分家！
他爱朝阳，爱夜月，
　　爱冰天雪地爱春花，
　　更爱黑龙江上，天边一抹红霞。
我爱他那一份傻；
我爱他跨着如飞的白马，
　　越过高山越过水，
　　闯入深林，闯入青纱，
　　咬定仇人不放他！
我但愿和他是一对，
　　但愿他是我的夫君我爱他！

选自《抗战新诗选辑》，1940年11月版

施谊（1904—1966）　现代作家，原名孙师毅，浙江省杭州市人。《岂有这样的人我不爱他》是作者为舞台剧《雪地春花》写的主题歌。全诗语言诙谐活泼，通过一个女子之口，

赞美这位血性男儿"他和祖国的命运不分家"的高尚情操。

前方速写之一——冒雨出发(在许昌)　李桦　作

姑　娘

陈　辉

三月的风，
吹着杏花。
杏花，
一瓣瓣地，
一瓣瓣地，
在飘，
在飘呀。

姑娘，
坐在井边，
转动了辘轳，
用眼睛，
向哥哥说话……

——哥哥，
哪儿去呀？
哥哥，
笑了一笑，
背着土枪，
跑向响炮的地方去了。

杏花，
飘在姑娘的脸上。
姑娘，
鼓着小嘴巴，
在想：
这一声，

该是哥哥放的吧?

选自《诗垦地》丛刊第3辑,1942年4月

陈辉(1920—1944) 现代诗人,原名吴盛辉,湖南省常德市人。1939年,陈辉到晋察冀抗日根据地工作,创作了50多首反映敌后斗争生活的诗歌。1944年春,陈辉在华北敌后被敌人包围在一间屋子里。经过英勇战斗,在突围时他被埋伏的敌人拦腰抱住。陈辉拉响了手榴弹,为祖国献出了自己年轻的生命,时年仅24岁。陈辉的诗格调清新,洋溢着火热的战斗激情。诗人善于通过有特色的生活细节,引人入胜地展示人物的内心波澜,意在言外,耐人寻味。收录在本书的《姑娘》《卖糕》《为祖国而歌》,都是表现诗人艺术上这一自觉追求的佳作。

今日的妇女　　新波　作

识字一千（年画）　张晓非　作

给我一支枪

张季纯

给我一支枪,
我要上战场,
我的兄弟,
我的爹娘,
　　都惨死成一摊泥浆;
我的田舍,
我的家乡,
　　也轰炸得一片精光!
日本人要叫咱国破家亡,
中国人怎还能痴心妄想?
给我一支枪,
我要上战场,
国仇家恨千万桩,
那个能够再忍让!

一九三八年八月

选自《延安文艺丛书·诗歌卷》,湖南人民出版社1984年版

张季纯(1907—2000)　现代剧作家,山西省阳城县人。出版有诗集《太行山》。《给我一支枪》控诉了侵略者的罪行,急迫的内在旋律表现了"我"上前线报仇雪恨的急切愿望。

整装待发的勇士(木刻)　　罗亚伟　作

用 那 双 手

劳 森

他
发疯一样地，
发疯一样地，
用那双手：

硬要把那大水灾带来的石头挖开，
硬要把那被压住了的地底泥土挖开，
硬要把那被掩埋了的他的命运
  挖
    开！

  他那双手，
  又多筋又多骨头，
  那手上沾着的是
  黄土和血……

他擦了把汗，
又
发疯一样地，
发疯一样地，
  用那双手：

  田园被摧毁了，
  再建设；
  生命被伤害了，
  再生长；
  垮了，

再起……

用那双手,
硬要把荒滩修好,
筑他新命运的田地。

1941年5月在唐河畔

选自《晋察冀诗抄》,中国青年出版社1984年10月版

纪念8·13　黄伟强　作

战声　罗清桢　作

题　　照

阿　垅

　　呵！我年青了！——
骨节作响
像铁柱子
膨胀着的力和美呵！
而心也是钢
那比冰山更强固
更僵冷
这里化入洪炉
成光焰飞舞的一团赤热，
在西北底风沙里
看鬓边几茎白发
随春风而作银丝底摇曳，

　　爱着，
人是年青的；
战斗着
人是年青的。

　　向着爱
向着战斗
大胆地走！
大步地走！
在四十年代
有我们这年青的一辈。

　　在爱
在战斗

中国是年青的!

在微笑

在多情地注视你

我是年青的呵!

一九四〇,五,二三,西安,案板街,青年会

选自《诗创作》第 5 期,1941 年 11 月 5 日

阿垅(1907—1967) 现代作家,原名陈守梅,曾用名陈文祥、陈亦门,笔名圣门、方信、人仆、S·M 等,浙江杭州人。出版有诗集《无弦琴》以及评论集《人与诗》《诗是什么》《诗与现实》等。《题照》展现了抗战时期中国青年意气风发的精神风貌。

战时青年　韩尚义　作

归里省斗口巷老屋

于右任

堂前枯槐更着花,
堂后风静树阴斜。
三间老屋今犹昔,
愧对流亡说毁家。

选自《中国抗日战争时期大后方文学书系》
第六编诗歌第一集,重庆出版社1989年版

于右任(1879—1964) 国民党元老,政治活动家,陕西省三原县人。出版有诗集《右任诗存》《第二次世界大战回忆歌》《于右任诗词集》等。1938年,于右任返故里作《归里省斗口巷老屋》,含蓄地表现了作者对故土的挚爱以及对大好河山受敌蹂躏的感时忧国之情。1941年5月,重庆文化界数百人举行首届诗人节晚会,于右任任主席,即席作《诗人节》一诗,勉励学人忧国,死生以之:"民族诗人节,诗人更不忘。乃知崇纪念,用以懔危亡。宗国千年痛,幽兰万古香。于今期作者,无畏吐光芒。"1962年1月24日,于右任在日记中赋《望大陆》诗:"葬我于高山之上兮,望我大陆;大陆不可见兮,只有痛哭! 葬我于高山之上兮,望我故乡;故乡不可见兮,永不能忘! 天苍苍,野茫茫;山之上,国有殇!"深切地表达了对祖国的思念。

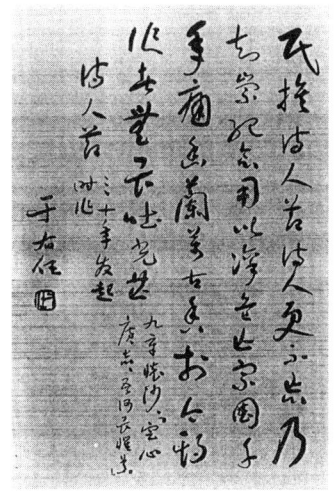

诗人节题字

和杨联陞诗

胡 适

雪霁风尖寒彻骨,
打头板屋似蜗庐。
笑君也有闲情思,
助我终朝捆破书。

*

祖国大劫千载无,
暴敌杀掠烧屋庐。
可怜你我忒煞不长进,
雪地冰天还要下乡收烂书。

一九四四年十二月二十六日

选自《胡适全集》第 10 卷,安徽教育出版社 2003 年版

胡适(1891—1962) 现代著名诗人,著名学者,中国现代新诗的开拓者,原名胡嗣穈,后改名胡适、胡洪骍,字适之,号冬友,安徽省绩溪县人。出版有《尝试集》《尝试后集》等诗集。抗战时期,胡适以多种方式为中国的抗战事业奔走不息。本书选录的他的另一首诗作《追哭徐新六》是他获悉好友徐新六乘坐的飞机被日机击落后写的悼亡诗,字里行间充满了对亡友无尽的思念和对侵略者罪行的谴责。

风 箱 谣

公 木

咕哒,咕哒,咕哒……
风箱永不疲倦地唱着歌。
夏天煮绿豆水,
冬天熬小米汤。

咕哒,咕哒,咕哒……
风箱唱着歌。
世界闷在蒸笼里,
太阳的毒针炙干青草。
乌鸦变成了哑巴,
不再给农民们送警报:
"哑哑,鬼子打来了!
　哑哑,鬼子放火烧!
　　老乡们,快快跑,快快跑!"

林大娘,你还不歇手吗?
汗水爬行在你老脸的褶皱里,
灶火要烤焦你花白的头发了,
你还不歇手吗,林大娘?

　不,豆儿还硬,
　　我必须再添一把火。
　　　说不定子弟兵,
　　　　那会儿就打这里经过。
　　　　他们嗓子热得冒烟,
　　　　　他们比火烧的干锅
　　　　　　还更加感到焦渴呀!

咕哒,咕哒,咕哒……
风箱唱着歌。
北风敲击着茅屋顶,
大雪查封了所有的道路。
蛐蛐儿躲在炕洞里,
给两岁的孙儿唱催眠曲:
"吱吱,爸爸去打鬼子!
　吱吱,妈妈在妇救会!
小宝宝,好好睡,好好睡!"

林大娘,你还不歇手吗?
湿柴嘶叫着呕吐青烟,
涩泪从你红肿的眼里呛流了,
你还不歇手吗,林大娘?

　不,小米还生,
　我必须再添一把火。
　说不定子弟兵,
　那会儿就打这里经过。
　他们眉毛上挂着冰柱,
　他们比冻结的水缸,
　还更加需要温暖呀!

咕哒,咕哒,咕哒……
风箱永不疲倦地唱着歌。
夏天煮绿豆水,
冬天熬小米汤。

一九四二年九月七日

选自《延安文艺丛书·诗歌卷》,湖南人民出版社 1984 年版

推 磨 者

方 殷

你看那枯皱的
前额上的汗珠啊
——你带着火而来的太阳
赶快退去吧
让我们这可敬的辛劳者
也好浴一浴
那山风的清凉

她是不知道休息的啊
整日价围绕着这一盘磨
以笨衰的脚步
踩着无数的圆圈子

那一粒粒的麦粒儿
从嫩苗时起
就被敌骑践踏过了
它们都是艰苦地
生长出来的啊
而今这白花花的面粉
是又碾进推磨者的汗滴了

然而老迈的推磨者
并不吝啬它们
她想着——
当战士们，把一个个
热腾腾的馒头
捧到嘴边的时候

她该是多么愉快啊……

选自 1940 年 2 月 24 日《新华日报》

方殷(1913—1982) 现代诗人,原名常钟元,笔名芳茵,河北省雄县人。著有诗集《平凡的夜话》、长诗《诛魔记》。推磨者,一位伟大母亲的形象让人肃然起敬。

伟大的母亲　纳　克　作

灯

李 株

过了古长城
过了杀虎口,
千军万马
黑地里走。

任务紧急
步子快,
排头排尾
两掉开。

一脚深来
一脚浅。
光见个黑锅底
看不见天。

四野里漆黑
静悄悄,
看不见队伍
哪去了……

心中喜来
心中惊,
是谁在远处
亮起一盏灯?

走到近处
看得清白,

一位老人
扶住灯台。

人和这灯来
都在岔道上，
旁边有间
小土房。

拨一拨灯花
手又指点：
"同志，往北赶，
队伍还走得不太远！"

你看她——
眉眼上皱纹白头发，
——哦！这像是谁的亲生妈？
心急着追队
不得不离开，
一句话儿
风又送过来：

"同志，明盼到黑
黑盼到亮，
盼你们就像
盼那麦子黄！"

选自《中国解放区文学书系·诗歌编一》，重庆出版社 1991 年版

儿呀,为了祖国,勇敢些!(木刻)　卢鸿基　作

破　　路

刘衍洲

破路啊！
从这口号喊起来，
大群要活命的人，
流出了血和汗……
千万条呀，
粗壮的手臂，
像森林
遮住了天。
镢头，铁铲，
是炸弹
炸开了平原。
把冀鲁豫
改变成了
坚固的天险。
从前哪！
我们这块地方
一片平坦，
鬼子的汽车来了，
也没处遮拦。
老少挂着眼泪，
在苦难里熬煎。
刺刀尖下，
女人没有了笑颜。
到如今哟！
边区根据地
筑起了
万里长城的防线。

冀鲁豫哟,
变成了敌人的坟墓!
谁要不相信,
请来这里,
看一看人的海,
再看一看人的山。

选自《文化生活》,1942年

刘衍洲(1921—1990) 河南省清丰县人。曾在冀鲁豫地区从事宣传工作,偶有诗作发表。《破路》采用对比的手法,写出了破路前后的变化。破路之前,敌人的汽车在根据地横冲直撞,制造灾难。破路之后,敌人寸步难行,这里变成了他们的坟墓。《破路》写出了抗日军民的气势:"谁要不相信/请来这里/看一看人的海/再看一看人的山"。

锤碎敌人的迷梦　李洛克　作

破　路

叶　金

好黑好黑的夜呀！
如送葬的行列；
天就像覆在我们头顶。
我们好像听到黑暗悄行的声音。

这便是我们常常工作的田野么？
这便是我们汗血浸哺的土地么？

我们的心像黑夜一般地沉静，
跳着的心叩着跳着的心；
就是在这里么？
昔日曾用我们的汗铺成的路基和铁轨，
昔日我们曾用泥土掷向列车，
代替我们欣忭的欢呼……

今日我们又摸索在铁路边，
路轨像僵蛇似地冷森森；
钳子，螺旋刀……
轻轻地撬起，
扛上肩去呀，伙伴们！

是我们建筑的，
让我们拆毁！

工作的热忱，
驱走了恐惧，
看着铁路像腰斩的毒蛇，

像折断的桥梁……
——即使是这样好黑好黑的夜呀,
我们还看得这么清晰!

远远地,有隆隆的震动声来了
那是着黄呢军服的敌人
和敌人的军人的列车……

伙伴们,走吧!
我们空手来,
扛了铁轨去,
就让鬼子们葬身在这里,
——他们自己的炮弹
把他们炸成灰泥!

好黑好黑的夜呀!
小心地一个挨一个走,
不要呼"邪许",

我们静静地
把铁路搬到西方去!

——二月十八日

选自《文艺先锋》第 3 卷第 4 期,1943 年 10 月 20 日

切断敌人补给线(1945)　　李峰　作

伐 木 歌

井岩盾

丁丁,嘿哟！丁丁,嘿哟！
　　和太阳一起上山,
　　和太阳一起下山,
丁丁丁丁,嘿哟！丁丁丁丁,嘿哟！
　　像出征的军队,
　　我们和寒冷作战。

丁丁丁丁,嘿哟！
　　丁丁的斧声传遍了森林,
　　歌声和笑声奔腾着欢欣,
　　和太阳一起上山,
　　和太阳一起下山。

丁丁丁丁,嘿哟！丁丁丁丁,嘿哟！
　　太阳是我们的钟表,
　　斧头是我们的好伙伴！

选自《抗日战争歌曲选集》第二集,中国青年出版社1957年版

井岩盾(1920—1964)　现代作家,山东东平人。出版有诗集《摘星集》。《伐木歌》是井岩盾作词,郑律成谱曲,创作于1940年冬,流行于延安地区。诗歌节奏明快,音节响亮,表现了伐木者昂扬的精神状态。

他卖萝卜去了

胡危舟

红萝卜
　给予血红的幸福
青萝卜
　给予青绿的生命

他卖萝卜去了
从村郊
肩一担红的青的萝卜
笑咧着嘴
走过敌哨灼灼的眼睛
向熙攘的城市
叫嚷着——

"红萝卜呵青萝卜
卖萝卜呀！"

"卖萝卜呀"
这粗俗的声浪里
像流出了无数的火花
他底眼射着
那红萝卜里的红传单
青萝卜里的青传单呵

终于买萝卜的人来了
他把传单发给那些人
一张一张……
就在那条街道上

一幅飘展着狰笑的丑旗子
率领一队巡街的"宪兵"
踱过去
又踱过来
踱过来又踱过去

而他
仍以颤抖的手
把传单递出去
颤抖的手
把传单贴上去
颤抖的手
把传单散满一地……

人们骚动了
把久藏在心灵上的
痛苦和仇恨
像火山将要爆发
大家
大家聚拢来读
《告沦陷区同胞书》

"同胞们
撑起身子认真地活呀
今天,来!让我们
里应外合的赶走鬼子……"

于是"宪兵"来了
"警察"来了
狗来了
风暴来了……

（街道上呈现出一阵恐怖的宁静）

但他的"萝卜"也来了呀
他像个痴顽的乡巴佬
尽管嚷嚷
"红萝卜呵青萝卜
卖萝卜呀！"

"卖萝卜呀！"
这粗俗的声浪里
像流出了无数的火花
他底眼闪射着
敌后的人民
忍辱穿上的囚犯的红衣
紧裹着通体的创伤呵

他痛苦了
挑起萝卜的担子
一如哀怨又愤怒的歌唱
"红萝卜呵青萝卜
卖萝卜呀！"

选自《投枪集》，诗场社 1941 年 1 月版

卖　糕

陈　辉

——上哪儿去呀？
——卖糕去呀。
——带上吧，
　　到城里再散它……

卖糕的，
伸过油污的手，
接了过去
那一大卷
红红绿绿的小纸条。
（把它压在糕下面）

——卖糕啊，卖糕！
他，
挑着热烘烘的糕，
敲着锣，
在城里消失了，
像一根火苗……

选自《诗垦地》丛刊第 3 辑，1942 年 4 月

小　河

苡　英

小河里没有往日那么平静，
篙子搅乱着清晰的人影。
水纹晃远去晃远去，
运粮船向前面迈进。

老年人在船头
遥指着远处的山顶，
那下面——几千战士在提着心，
等待粮食的音讯。
"天黑了——大家用点劲！"
老年人笑容里吩咐下来，
摇橹的小伙子把桨拍得更重，
望着水沫翻起无边的高兴：
"替弟兄们多送一袋粮，
弟兄们，可多为我们结果几条鬼子的命！"

小河里没有往日那么平静，
几条篙子搅着几个人影，
运粮的小船一只随一只，
在小河里向山麓边迈进！

　　　　　　　　　　——于六月四日夜
　　　　　　　　选自 1939 年 7 月 3 日《华西日报》

放哨的儿童

卞之琳

交给了你们来放哨,
虽然是路口太冲要,
打仗的在山外打仗,
屯粮的在山里屯粮,
算贴了一对活封条。

可是松了,
不妨学学百灵叫。

把棍子在路口一叉,
"路条!"要不然,"查!"
认真,你们就不儿戏,
客气,来一个"敬礼!"
要不然,"村公所问话!"

可是松了,
不妨在地上画画。

防止一切的病毒菌,
你们决不让偷进:
金丹、海洛英、"白面"。
毒药、三寸长红线……
小汉奸是鬼子的苍蝇。

可是松了,
不妨用胳膊比比劲。

县长也不在例外,
洋教士也不能乱来。
马虎了记下"不负责",
儿童团汇报里要抨击;
一点缝,瓶子就破坏!

可是松了,
不妨拉树枝摆摆。

这条路上哪儿的,我想问——
将来是来了,不是等。
尉迟恭、秦琼都变了,
就算是梦吧,我见了,
新天地的两员门神。

你们松了,
不妨摘几朵迎春。

1938 年 11 月 11 日

选自卞之琳《慰劳信集》

卞之琳(1910—2000)　现代著名诗人,江苏省海门县(今海门市)人。出版有诗集《三秋草》、《汉园集》(与人合集)、《鱼目集》、《慰劳信集》、《十年诗草》。卞之琳诗风奇特,诗多表现忧郁的感情和哲理的沉思。诗人抗战后诗风发生变化,《放哨的儿童》就童趣盎然。

热情宣传抗日的少年

孩 子 哨

庄 言

去年
他蜷在妈妈的怀里
温和地笑
今年拿着刀
站在卷着风沙的村口
用他五岁的
挚爱的语言
看管
这战斗的路途

选自 1941 年 4 月 6 日《新蜀报》

盘查哨（木刻）　沈柔坚　作

抗敌募捐歌

慕 班

你一角,
我一毛,
涓涓滴滴,
积起江河,
便成怒涛!
切莫嫌我铜钿少,
只要你——
有多少
捐多少
四万万颗心儿一条!
中华民族的抗战,
永远不挠!

不论多少
都好。
只要你——
有钱出钱,
有力出力。
众志成城
定把中国保!

前线的将士
固守战壕;
后方的援助,
如水如潮!
不把金钱空消耗,
捐到前方去!

买子弹

购枪炮！

管叫你——

一颗颗子弹

向着敌人扫！

赶走强盗，

省得再把闲气掏！

到那时——

吐气扬眉，

多么荣耀！

奉劝诸位同胞：

时候已经不早，

民族的危机，

再也不允许我们有

　明朝！

不管你——

捐多

捐少

凭着自己的力量，

一角，一分，一厘，一毫，

　……

倘若你有——

一叠一叠的钞票，

更可积成江海，

翻起滔天怒潮！

中华民族的生存，

全在今朝！

选自《抗敌三日刊》第 8 号

人民　郁风 作

唯有军民合作，才能歼灭敌人(1938)　张乐平 作

献　金

　　　石　灵

卷过了都市，
卷过了乡村，
卷过了城镇，
卷过了荒野：
是一阵风，
不，是一种传示
　　献金！
　　献金！
　　献金！
多少伟大的母亲，
献出她们的爱子！
多少伟大的女人，
献出她们的丈夫！
多少英勇的战士
献出他们的血！
我们多么可怜，
难道还不应该踊跃地？
　　献金！
　　献金！
　　献金！

八十岁的老人，走过献金台，
流着微笑的泪摘下一颗金牙，
忍受蛀虫比忍受子弹强。
擦皮鞋的孩子，
忘掉饿挥着他的油布，
到晚来袋里空空，

身上飘着满身的蝴蝶
——献金的奖章。

七龄幼女写信给报馆,
先生,把这一百块钱买巧克力给战士吃
让他们有精神,
替我去年在……殉难的妈妈复仇!
乞丐忘不掉自己的身份,
怀着经年累月积下的五毛钱,
逢人便问:"我也有资格献金吗?"
有的,兄弟!大家都是中国人,
中国人狂了,
心里满是火,头上满是火,
一个个滚着的火球。
然而这是天火,
这是炼铁成钢的火
这是炼矿成金的火
这是高兴,这是兴奋,
这是孕着明天的忍
一切腐朽,糜烂,悲观,堕落,
都将化作轻烟,
　　化作微尘,
剩下的是一个光华灿烂的新生!

选自《怒》,香港堡垒书店 1941 年 6 月版

老 榕 树

吴 越

在这天地间，
你倔强地站立着，
摇晃着你那蓬蓬的顶盖……

无论是在干旱的季节，
炎阳日日地航行在赤裸的天空，
枯焦的赭色的土地在燃烧着，
而你
倔强地站立着，
摇晃着你那蓬蓬的绿色的顶盖……

无论是当狂风卷带着黑云、暴雨，
汹涌的山洪咆哮而来，
大水淹没到你的颈项，
冲击着
想把你连根拔起，
然而你
英雄般
刚强地站立着，
摇晃着你的蓬蓬的顶盖……

1943年于闽西

选自《暴风雨集》，新文艺出版社1956年9月版

吴越（1910—2002） 现代作家，原名吴春恒，江苏省泗阳县人。出版有诗集《最后的星》《暴风雨集》等。在抗日战争最艰难的岁月里，作者笔下顶天立地的老榕树是一个伟大的象征，成了鼓励人们战胜困难的力量源泉。

高高的白果树

苏 东

高高的白果树,直耸云层,
像是一把大伞,把村头罩笼。

夏天,他招呼过路人:快来乘凉!
秋天,他撒落遍地果实,逗戏儿童。

鬼子扫荡,他奋臂举起民兵,
瞭望着远处飞来的滚滚烟尘!

风息夜静,他捧出一轮明月,
笑看着年轻人怎样栽种爱情……

白果树把胸脯一挺,腰围五抱,
仿佛说:猜猜看,我有多大年龄?

老年人只记得一个古老的传说:
那年荒旱,一群孩子在这里号哭吊死的双亲……

不用说,白果树的年龄比老人的曾祖还老,
他是我们村沧桑变迁的历史见证。

可是今天,我们下了最大的狠心,
要用刀斧,把白果树拦根斩净!

不是我们不珍惜自己家园的历史,
不是怕让古老的传说刺痛孩子的心。

多少英雄,为打鬼子毁家纾难,
今天,我们也要请白果树显显威灵:

请他摇身一变,变成万支枪杆,
冲进敌阵,卷起火的旋风……

啊,白果树岂止是一个村的历史见证,
明明是,我们民族性格的伟大象征!

一九四四年十月

选自《中国四十年代诗选》,重庆出版社1985年版

苏东(1923—) 原名姜永俊,笔名苏东,山东省牟平县(今属乳山)人。《高高的白果树》召唤在民族危亡时刻博大的献身精神。

我们的骑士　陈烟桥　作

榴 花

冀汸

血一样的鲜丽
火一般的亮
青枝与绿叶
有了战斗过来的骄傲
佩挂了英雄的勋章

和标枪上的缨络比一比
和号角上的流苏比一比
和飘飞在天空的旗帜比一比
和小姑娘的圆脸比一比……
呵,你们都红得一样美丽

1942 年 5 月 11 日

选自《诗垦地》丛刊第 4 辑,1943 年 3 月

冀汸(1920—2013) 现代诗人,原名陈性忠,笔名吉父、凌恒等,生于印度尼西亚爪哇岛,祖籍湖北省天门县(今天门市)。出版有诗集《跃动的夜》《有翅膀的》《喜日》《桥和墙》《我赞美》《剑歌》《没有休止符的情歌》等。《榴花》以标枪上的缨络、号角上的流苏、飘在天空的旗帜、小姑娘的圆脸作比,烘托出了一幅"血一样的鲜丽/火一般的亮"的壮丽景象,诗风激越、刚强、豪放,诗作构思精巧,意蕴深邃。

中国之友:紧紧握着的大手

　　海外华侨和世界各国人民,与正在同日本侵略者进行浴血奋战的中国人民坚定地站在一起。海外华侨、世界作家以及部分中国作家创作的有关共同反抗侵略的诗歌,是中国抗战诗歌的重要组成部分。

　　海外华侨和祖国人民同命运,心连心。旅居菲律宾的爱国华侨施颖洲,写于抗战初期的《海外的卖报童》,选取儿童视角,生动地描写了一群卖报童听到祖国胜利消息时候的情景:他们"像数十颗的流星,/将北方的祖国原野间/胜利的红焰/燃笑/侨胞的紧张到发火的脸"。他们一次次飞快地传递胜利消息,竟让"数十双鞋子/脚皮/在高兴里磨穿!"英国诗人奥登在《献给殉难的中国兵士》一诗里,赞颂牺牲时没有留下姓名中国士兵的价值。他要求:"欧罗巴的教授们,主妇们,平民们!/请向这一青年致敬",因为,这些抗日英灵换来的,是中国的独立和尊严:"从此有山有水有房屋的地方,也有了人。"新西兰诗人路易·艾黎的《黄河》,对黄河有着独特的感悟。他认为,藏族、回族、蒙古族、汉族,和黄河已经"融为一体",遭受苦难的中国人,只要"坚持不懈的奋斗,必将带来更充实的生活/——总有一天"。朝鲜安偶生的《和平鸽》,称赞日本绿川英子勇敢地加入反法西斯阵营,在中国电台播音,发出真理的声音:"定能将那喝血入迷、制造痛苦的狼心/打得粉碎、撕得干净。"一个柔弱的日本女子,顶住强大的压力,勇敢地和被侵略的中国人民站在一起,正代表着广大日本人民的良知。鹿地亘的《听见了呀?》,也真实记录了被日本法西斯强行征召,乘船出兵中国的士兵的壮举:这些士兵和他们的家族举行反战示威拒绝执行命令。军警向他们开枪,三十多人倒毙了,一千多人遭到逮捕。日本侵略者对本国人民同样犯下了罪行。

　　正如中国诗人戈茅的《人类审判宣言》一诗中所宣告:"在血色的十字架下,/已经死去了的/有白种人,/黄种人,/黑种人……/他们的血全是殷红的,/谁还能分别出世界人种的颜色?/在战斗的旗帜下,/我们都是亲兄弟。"全世界将卷起一个巨大的声音:

　　审判　法西斯罪犯:
　　希特勒,
　　　赫斯,
　　　　戈培尔,
　　墨索里尼,
　　日本军阀……

戈茅的诗发表几年之后,他的预言果然实现。1948年12月,东条英机以及制造南京大屠杀血案的罪魁祸首松井石根等七名甲级战犯被判处绞刑。

中国之友　　梁永泰　作

海外的卖报童

〔菲律宾〕施颖洲

火急的挟带电信
　　　　　号外
和遥远的壮士心，
印刷机前是出发点，
骤雨似的步响
　　　　踏遍
　　　　大街
　　　　　小巷
连成一条无形的正义的战线。
——新世纪的马拉松信使呵！
像数十颗的流星，
拼上性命，
向四方播种光明。
将北方的祖国原野间
胜利的红焰
　　　燃笑
侨胞的紧张到发火的脸。
卖报的盈利
　　　汗滴
　　　气力
全献为救国捐。
让数十双鞋子
　　　　脚皮
在高兴里磨穿！

　　　　　　　一九三八年五月十四日于马尼拉
　　　　　　　选自《烽火》第 17 期，1938 年 7 月

施颖洲（1919—　）菲律宾资深翻译家，推行菲华文学运动五十余年，任世界华文文

学学会名誉会长。抗日战争爆发后,他在《烽火》杂志发表的《海外的卖报童》,表达了广大华侨对祖国的热爱,产生过广泛影响。他近年在国内出版的《文学之旅》,勾勒了海外中国现代文学创作与研究的谱系。书中对夏济安、夏志清、顾一樵、艾山等人的推介,对推动现代文学研究做出了积极的贡献。

和 平 鸽

〔朝鲜〕安偶生

献给在中国电台进行日语播音的日本女世界语者——绿川英子。

在由于战争而精神错乱的东方,
你是那样安详,有似一只在狼和蛇面前的绵羊,
竭尽全力估量了一切,但又勇敢异常。
一个正确的计划出现在你的心田,
就这样你离开了自己的祖国,
离开了父母和亲朋,好像飞到了天边,
怀着这样一个信念:
定将给予他们无愧于人类的永久和平的人间。

如今你站在麦克风前开始翻译、播音,
向你的同胞们把真理预言。
你那尽管温柔的嗓音,
却足以制造电闪雷鸣。
你句句金玉献给仍有良知的心灵。
你的声音是不会白费的呵,
因为它定能将那喝血入迷、制造痛苦的狼心
打得粉碎、撕得干净。

那么,我有何希望于你呢,亲爱的?
你是来自隔海国家的和平鸽!
是的,你不是仅仅逃出了牢笼,
而是由于你年轻、欲望强烈、冲动,
不能像一个麻木不仁的人那样
留在沙漠似的樱花国之中。
呵,现时暗无天日的田野多可怕,

为了秋季的收获,你五月①常绿吧!

选自绿川英子著《暴风雨中的细语》,

1941年重庆世界语刊物《中国报导》编辑部汇编出版;

译文据《绿色的五月》,龚佩康编译,三联书店1981年版

安偶生(朝鲜)　生平不详。《和平鸽》歌颂了当时在中国电台进行日语播音的绿川英子。绿川英子由于反对日本侵略中国,支持中国人民的抗日战争而受到日本法西斯势力的野蛮攻击。诗中赞颂绿川英子"向你的同胞把真理预言","你那尽管温柔的嗓音/却足以制造电闪雷鸣"。历史证明了绿川英子的选择。历史永远需要启蒙,用事实再现真相。

---

① 绿川英子的世界语笔名 Verda Majo,直译是"绿色的五月"之意。这里作者借用她的名字,赋予新的含意。——编者注

献给殉国的中国兵士

〔英国〕奥 登

远离了文明的中心,他完成了使命,

他的长官和他的虱蚤便将他放弃;

在棉被窝里面

他合上了他的眼皮。

冥然的长逝。

当这一次伟大的战争,

将来编成书籍,

他也不会被人提及,

他的脑里并没有带走什么资料;

他的笑话陈旧,做人像打仗般枯燥。

他的名字和他的容貌将永远消失。

啊,欧罗巴的教授们,主妇们,平民们!

请向这一青年致敬。你们的记者

并没有注意当他在中华变成了尘埃,

从此他的土地配你们的儿女钟情;

从此他不再在狗跟前受侮辱;

从此有山有水有房屋的地方,也有了人。

选自《抗战文艺》第 1 卷第 9 期

奥登(wystan Hugh Auden,1907—1973) 英国著名现代派诗人。1938 年,奥登同英国小说家伊修武德一起来华访问。本诗发表后,在中国文化界和读者中曾经引起过较大的反响。奥登关注中国现实的重点,是没有姓名的中国殉难兵士,给人们留下的,是正统历史上的失踪者的历史。当兵士完成了使命,"他的长官和他的虱蚤便将他放弃",于是,将来"他也不会被人提及","他的名字和他的容貌将永远消失"。普普通通的生活事件和小人物,在现代派诗人那里却发掘出了现实生活的不合理性、荒谬性。现代派诗歌的深刻性和魅力也正在这里。奥登要求所有的人们"向这一青年致敬",体现着诗人对现实的态度,体现着他对中国人、对人类命运的深切关怀。

给 中 国

〔英国〕罗伯特·潘恩

一个人,独自一个,
一个老人有象牙的脸,
一个石头的前额,
从泰山的雾里讲话:
"我的肉已变成草。
有一天从我的胫骨里,
将长起一片稻叶。"

一个人,独自一个,
一个老人有象牙的脸,
一个石头的前额,
从泰山的雾里讲话:
"我的肉已变成草。
有一天从我的肩胛骨里,
将长起一片稻叶。"

一个人,独自一个,
一个老人有象牙的脸,
一个石头的前额,
从泰山的雾里讲话:
"太阳,太阳,又上升,
在覆雪的荒野那边,
从我的骨髓里繁衍,
一代又一代的主人"。

杜运燮 译

选自 1943 年 1 月 17 日《大公报》桂林版

听见了呀！（节选）

〔日本〕鹿地亘

东京市近郊的川崎、千住、荒川的出征兵士和他们的家族当开船的时候举行了反战的示威，三十个在开了枪的军警的枪子下面倒毙了，一千多个遭了逮捕。一看到这条新闻消息，我的血马上奔涌上来，几乎要大声地叫了。这些地名正是在我的梦里也会出现的亲密的灵魂的故乡，是和京滨、南葛并称的日本革命运动的摇篮地，是控制军事法西斯主义者的死命的工业的心脏，是火和铁的街市——劳动的堡垒！

哦哦，我的眼前出现了，那些睽别了许久的亲切的面孔！在不能制止的怀念里面，我把喷涌出来的声音接续地移到了纸上。

……
起床吧——
同伴呵，起来喝点早茶吧——
我把疲乏的心倾到报纸上面。
今天是——
一九三八年二月二十三日。
啊！你看！你看！
你看这！
眼睛呵，没有错么？
心脏呵，疯狂的兽呵！
压住要炸裂的怒吼，
哦哦，我要窒息了！
祖国！血的祖国！
无言的堰决开了——
不要哭，哦哦，同伴！
然而，眼泪马上涌了上来，
流着，流着，流下了。
哦哦，终于……我看见了。

那是黑湖的波浪么？——不，
那是群集,向码头逼摆了。
那是鲸波的响声么？——不，
那是暗淡的,不言的骚音。
兄弟呵,曾经响过
你们的铁槌的巨体——船,
现在,深深地沉到了吃水线,
静静地升着烟。
飘荡的征旗,纸带子底云——
捐着枪的满载的劳动者——
敌人是谁？你们到哪里去？
哦哦,可亲的兄弟呵！
看见了么,注视你们的
皱纹深深的悲痛的眼睛？
青年人呵,那是你的母亲,
在人丛里被排挤着,伸着头,在寻找你。
眼睛陷落,没有了光,
举着没有乳的幼儿,
疯狂似地喊着你——
是你的爱儿！是你的妻！没有听见么？
要被诅咒的,
人类之敌呵！
屠杀者呵！恶棍呵！
塞住耳朵,蒙住眼睛吧！
用血污的刺刀排成城墙吧！
你敢！——你敢把注视着你的
不稳的眼光抹去！
阴暗的呻吟,像从海底
涌上来的风一样,
迸发了忍耐了又忍耐的涕泣,
刺进了兵士们的心底。

马上压下了群集的骚音,
冲天的巨声响了——
六乡的勇士呵,把敌人忘记了么?
下船来!挽起手臂!
掉转你们的枪口!
打倒法西斯们!
群集的怒吼变成了暴风雨,
兵士们的胸口炸裂了。
哦哦,看吧!他们丢了枪!
从船沿跳下,潮水似地下来了!
欢呼声轰然地腾起了,
兵士们被高高地举了起来。
前进!向着我们的堡垒!
六乡的勇士用手指着。
到工厂去!停止动力!
停止战争的呼吸!
监视的军官失色了——
慌忙地命令守兵:
开枪!开枪!向他们!
然而,没有开枪——军官着慌了——
造反的东西!为什么不开枪!你们也……
他要拿手枪了——
大地摇动,海在叫喊。
守兵举起了枪。
看吧,因苦恼而苍白了——不要放呵!
哦哦,然而,轰然地,枪口喷出了火!

打开窗,我呼吸,
吐出了深深的深深的一口气。
早晨的阳光陡然射入了,
不知从什么时候起,已带有春天的气味。

我看着房子被炸弹炸掉了

的墙壁。

据说,骷髅沾着亲人的眼泪

就会渗出新鲜的血来。

哦哦,六乡的勇士们呵!

兄弟呵!

母亲们呵!

姐妹呵!

我的心脏发痛,

裂开了鲜红的伤口,

血管跳动着——

像化雪期的河里的波浪一样。

哦哦,染在旗头上的血流——

那是流在世界上

一切民众的心里的

战斗的血!是燃着的火!

看吧!看吧!法西斯们呵!

血污的刽子手们呵!

火焰在你们脚下跳着!

热烘烘地把你们包着!

一九三八年三月七日在汉口

附记——写这一首诗的时候,作者还在香港,但因为不愿受日本特务机关底追踪,所以把他底生活环境移到了汉口。诗里面所说的天空、夜、弄堂、被炸过的墙壁,都是设想的汉口的情形。

高荒　译后记
选自《七月》第 12 期,1938 年 4 月 1 日

鹿地亘(1903—1982)　日本戏剧家和诗人,1936 年来中国。抗日战争爆发后,在中国组织日本人反战同盟,支持中国人民的抗日战争。创作有剧本《三兄弟》和诗歌《听见了呀!》等。

黄　河

〔新西兰〕路易·艾黎

黄河，
中国的忧患，中国的希望；
它有时睡觉——一条银色的冰凌
躺卧在冰冻的黄土坡之间；
有时，静悄悄地在野地荒滩上爬行，
一到崎岖地带又飞奔于峡谷之间；
或者挟着滚滚激流，卷着旋涡，奔向
开阔肥沃的谷地，辽阔的平川，
孩子们冒着炎炎烈日在平原的缓流中
兴高彩烈地嚷叫扑腾。

当它勃然大怒时，
气势汹汹，任何力量也不能阻挡，
仿佛从两万尺的高处
倾入黄海，
仿佛汇合了两万条溪河的洪流
夺路而出。
黄河——黎民，
就是黄河和黎明的人民，
经过若干世纪，渐渐融为一体。
藏族、回族、蒙古族和汉族
都靠黄河的水为生。还有牧人和农民。
明天，那些巨大的涡轮也要用这水
为广大地区的工业发电——
那么，它更象征着
一体。

顽强,有耐性,善良,甘肃的农民
慢吞吞走过他的瓜地,
瞧着那片树上成熟的果实——
苹果、梨、桃和杏——
瞧着他那些晒得黑黑的孩子
摆脱了臃肿的冬衣的约束
在给予生命、普照四方的阳光下嬉戏,
满怀喜悦,瞧着生活的美——其中融合着
摇曳的玉米、花儿,还有天空
那么蓝灿灿的,难得看见这样的蓝天变为
飞沙走石的狂风。

他也是这样。似乎难得见到他改变,
总是那么乐乐呵呵。不过,他一变脸
就会像突然刮起的狂风
那么凶猛,那么疯狂,那么粗暴。

人们知道
他也像黄河
从山上望去,显得那么平静,
闪烁着阳光,到了冬天
水晶般的冰亮晶莹,
不过,水下永远有一股股急流
向前奔涌,势不可挡。

对于这些人来说,千百年算得什么?
他们临死也相信,他们一定会在
孩子身上转生。这块土地是他们的,
混合着千百代人的尸骨。
这块土地生养着他们。
坚持不懈的奋斗,必将带来更充实的生活

——总有这一天。

石永礼译

选自《艾黎诗选》，人民文学出版社1984年版

路易·艾黎(1897—1987)　新西兰作家，1927年来中国。抗战开始后，积极支持中国抗战，向国外翻译介绍了许多中国诗歌。《黄河》写于20世纪40年代。"黄河/中国的忧患，中国的希望"，这是一个怀着陌生感的外国诗人为黄河创作的一个质朴的素描。他笔下的黄河可能没有我们读光未然的黄河那样激昂澎湃，但还是能够唤起我们足够的沉思：黄河和中国人永远密不可分。

手　与　手
——给盟国的伙伴们
金　军

五只粗黑的手
逐次地向我伸来
是那样热情
是那样多毛而有力

我们的手
紧紧地握在一起
很久不放下来

因为我们
闪烁在内心里的思想是一致的呵
虽然,我们的肤色不同
虽然,我们的军服不一样
虽然,我们的枪械不出自一个兵工厂

在广漠无际的世界战场上
在正义与丑恶斗争的战场上
在公理与强暴的反侵略的战场上
我们呵！我们
同是一条结实的战线上的士兵

手与手
我们紧紧地握着
这两大民族的握手呵
这东半球与西半球的握手呵

让我们的手

为完成这大陆的新事业而忙碌着
让我们的手
为后一代人民的幸福而忙碌着
我们呵！我们
每天拿（做）着同样的工作

这大刀手，机关枪手
这轰炸手，坦克手
这善良而反对屠夫们作恶的手
我们要紧紧地握着
我们要紧紧地握着

一九四五年六月三日

选自《抗日时期的新诗作家和作品》，文成出版有限公司

金军　生平不详。《手与手——给盟国的伙伴们》是一首反映中国军人和盟国军人友谊的诗作。抗日战争是中国人民进行的一场民族解放战争，也是世界人民携起手来，共同开展的一场反法西斯战争。朴实的诗句："这大刀手，机关枪手／这轰炸手，坦克手／这善良而反对屠夫们作恶的手／我们要紧紧地握着／我们要紧紧地握着"，写出了中国人和世界反法西斯国家人民共同的心愿。

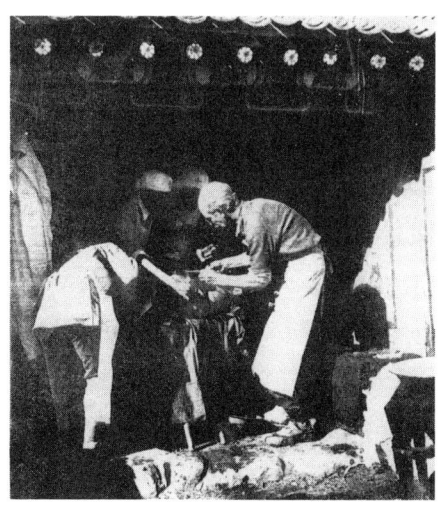

白求恩大夫抢救伤员（1939）　　吴印咸　作

人类审判宣言

戈 茅

我们永远不能忘记这个年代，
整个世界陷入了残酷的战争。
啊！你们知道谁是放火的罪犯？
你们知道谁是指挥杀人的凶手？

听着：
　像一座高过云天的峻峭的大山，
　　投掷在茫茫无际的大海里，
　　　激起了一个巨大的声音；
那狂暴的怒号的巨浪，
　摇动了人类的全球，
　　一个声音，震响着世界！
啊！听着——
　这就是我们的呼号，
　这就是我们的愤怒！

我要向全世界发出人类的文告：
审判法西斯罪犯——
　希特勒，
　　赫斯，
　　　戈培尔，
　墨索里尼，
　日本军阀……

是他们，
　流了我们的血！
是他们，

流了全人类的血!

在血色的十字架下,
　　已经死去了的
　　　　有白种人,
　　　　　　黄种人,
　　　　　　　　黑种人……
他们的血全是殷红的,
谁还能分别出世界人种的颜色?

在战斗的旗帜下,
　　我们都是亲兄弟,
　　　　大家共着一个命运,
全人类连成一颗像火焰燃烧的心。

全世界举起
　　一面生动的
　　　　鲜明的旗帜,
在那旗帜的上面写着:
消灭法西斯!

海洋怒啸着,
　　山岳在崩裂,
　　　　森林正愤怒地宣言,
草原唱着英勇的战歌,
沙漠里也燃起了新生的渴望!
啊!亚洲人起来了,
　　欧洲人起来了,
　　美洲人起来了,
　　非洲人起来了,
　　澳洲人起来了,

像猛浪一样
他们都起来了!

一个大的军团,
　　　要进行一个大的决战。
法西斯主义,
　　像一条喷着火焰的毒龙,
　　　多少个国家被毁灭了,
　　　多少无辜的人民被屠戮了,
啊,一个灾难,
一个可怕的灾难呀!

没有饭吃没有衣穿的人们起来,
没有丈夫的妻子们起来,
没有儿子的老妇们起来,
没有父母的孩子们起来,
没有自由的囚犯们起来,
啊啊! 你们全起来呀!

来,我们一起抗争,
不让法西斯再流我们的血!
我们自由生存的意志,
便是人类的法律。

时代的飓风,
从北冰洋
　　驰过苏维埃俄罗斯平原,
　　驰过中亚细亚,
　　驰过中国的万里长城,
　　驰过南洋群岛、印度尼西亚、
　　　　菲律宾、马来亚,

驰过浩荡的太平洋、印度洋，
驰过埃及的王国到北非的战场；

时代的飓风，
从南极的冰海，
驰过墨西哥、加拿大、美国的纽约，
驰过大西洋到英伦三岛，
驰过地中海到欧洲的十四个被蹂躏的国家，
它卷起了一个巨大的声音，
那声音
　　在震响着世界——
审判法西斯罪犯：
　　　希特勒，
　　　　赫斯，
　　　　　戈培尔，
　　墨索里尼，
　　日本军阀……

世界是一个大法庭，
全人类请来公正的审判。
我们每一个公民，
　　　每一个被侮辱
　　　　　被损害的
　　　　　不幸的人，
都可以提出大胆的沉痛的控诉，
或被选举为公审的法官
一切杀人者，
　　放火者，
　　奸淫者，
　　抢劫者，
一切强盗，

一切法西斯主义的凶犯,

有罪了!

在今日或者明天,

　　希特勒们就要听候全人类的审判!

一九四二年十一月二十七日

选自诗集《将军的马》,文化生活出版社1949年版

　　戈茅(1915—1989)　现代作家,原名徐光霄,曾用名谷谿、简壤、齐野、鲁山、无乐山、余亦人,河南省范县人。出版有诗集《草原牧歌》《将军的马》等。《人类审判宣言》站在全人类共同斗争的制高点上,以磅礴的气势和理性的思考,呼唤有着共同命运的白种人、黄种人、黑种人、亚洲人、美洲人、欧洲人、非洲人、澳洲人,同法西斯势力进行殊死的决战,让希特勒、墨索里尼和日本军阀听候全人类的审判。今天,审判虽然早已经结束,这首诗读来仍有强烈的现实感召力。

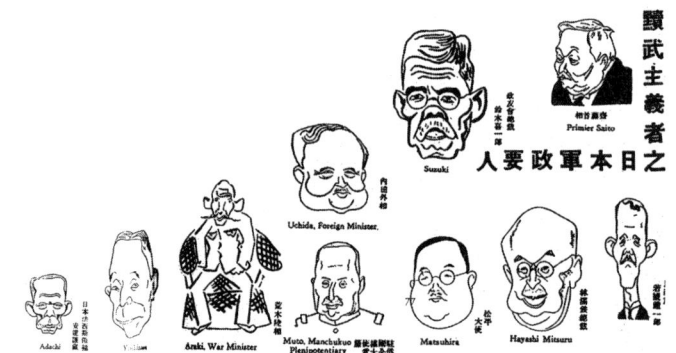

侵略者的嘴脸(漫画)

让我们相爱

周　为

生活像一昼深沉沉的雾，
我们整天在里面沉重地旋转，
叫不出的呻吟比叫得出的呻吟还痛苦，
流不出眼泪的比流得出眼泪的更疲倦……

像寒冷的时候需要火，
像干渴的时候需要水，
为了在生活的雾里有力量醒来，
让我们相爱！

有时我们被遗弃在荒邈的冰原，
什么也没有了，即使是一声低呼；
人生的森林里魔鬼安排了许多的路，
有时我们会迷失了道途……

像寒冷的时候需要火，
像干渴的时候需要水，
为了在孤独和迷失里有声音引我们出来，
让我们相爱！

路这么崎岖，这么长，
风雷这么大，敌人又这么顽强，
或者在荆棘丛中我们折断了手，
或者在刀剑面前我们想到退后……

像寒冷的时候需要火，
像干渴的时候需要水，

为了在血泊中我们有勇气起来，

让我们相爱！

一九四五年一月八日初稿陪都

选自《诗丛》第 2 卷第 1 期,1945 年 5 月

周为(1915—) 原名陈凡,广东省三水县(今三水区)人。出版有诗集《往日集》。《让我们相爱》着力歌颂爱的主题。人类为什么要相爱？这是作者的回答:"像寒冷的时候需要火/像干渴的时候需要水/为了在血泪中我们有勇气站起来/让我们相爱!"诗三次用"像寒冷的时候需要火/像干渴的时候需要水"这有弹力、有流动感诗句的重复,极大地加强了诗的节奏感,表达了诗的内在感情的深沉起伏。在抗日战争即将胜利的 1945 年,诗人对爱的召唤,反映了长期遭受战乱之苦的中国人,以及世界各国人民的共同愿望。

纪念碑：献给抗日烈士

为了"从敌人的手里/夺回祖国的命运"（蔡其矫：《肉搏》），英勇的抗日战士同敌人展开了撼人心魄的肉搏：

交锋几个回合，那青年猛力刺了一刀，
敌人来不及回避，也把刺刀迎面刺来，
两把刺刀同时刺入两人的胸膛，
两个人全静止般地对峙着，呵！决死的斗争！

只因为勇士的刺刀比日本人的刺刀短几分，
才没叫颤栗的敌人倒下来，
我们的勇士没有时间思索，有的是决心，
他猛力把胸膛往前一挺，让敌人的刺刀穿过背梁，
勇士的刺刀同时深深地刺入敌人的胸膛，
敌人倒下，勇士站立着。山谷顿时寂静！

这瞬间的历史定格，这个连姓名也没有留下的战死者，他在人们心头留下的是一块永恒的纪念碑。他"火山石浆般的血养着我们的心"，使人人心里永存着"英烈的魂灵"（徐讦：《奠歌》）。

《肉搏》一类抗战诗歌使人们触摸到了荡气回肠的生命旋律。诗与时代的融合，诗人与人民感情的亲近，把诗歌还原到了生活现场，获取了在精神上与强敌对抗的无尽资源。不老的天，不息的泉，使诗人心底有阳光，笔下现亮色。

在七月七日(致辞)

胡 风

在今天,我们默念

那些英勇地为祖国献出了生命的将士

那些在敌人的兽性下被虐杀了的老弱

被掳去了的儿童

被奸害了的妇女

在今天,我们慰问

那些被残废了身体的负伤者

那些被逐出了家园的流亡者

在今天,我们敬礼

在阻力里面强固起来的团结精神

在灾难里面锻炼成功的吃苦意志

在前线浴血苦战的

在后方心力交瘁的

在敌人暴力下潜伏活动的

由最高统帅到一切的英雄

  志士

还有

西方的

东方的

敌人国内的

  为中国解放、人类幸福而斗争的

    一切友人

      同志

在今天,我们记住:

这一切牺牲,一切痛苦,一切战争,
只为的是——
　　团结、持久、胜利!

选自《七月》第 3 集 5 期

此诗是《七月》主编胡风为"七七"纪念用"七七社"的名义写的致辞。

我们的伤痕永不在背上
—— 献给抗日烈士之灵

郑振铎

其 一

我们向前,我们向前,
上了刺刀的枪,紧握在双手。
远空里电鞭般的炮光不断地在抽闪着,
狂雷般的炸裂的声音在前,在后,在左,在右,
窒人气息的黄烟,在涌滚,在包围,在弥漫,
野火的紫光,在吞咬,在追逐,在镕毁,
红的,热的,是血,是火,是人,是马,
倒了的在前,在后,在左,在右。
但我们向前,我们向前,
我们的伤痕永不在背上!

我们向前,我们向前,
上了刺刀的枪,紧握在双手。
蜻蜓似的怪鸟,一只,两只,三只……高着低着,飞在我们的头上,
它们在怪叫;在向下扫射着吃人的毒弹,
在抛投下最酷暴的炸裂物,
一声声的巨响,震得大地的心肝都要炸开,
红的,热的,是血,是火,是人,是马,
倒了的在前,在后,在左,在右。
但我们向前,我们向前,
我们的伤痕永不在背上!

我们向前,我们向前,
上了刺刀的枪,紧握在双手。

在烟与火里,冲向我们来的是,一前一后一左一右的坦克
那可憎的怪物们,一个个都在伸吐着它们的恶毒的赤舌,
妖蛇似的在咽下,在绞绕,在绊倒所遇见的一切,
那坚顽得像不可克服的铁堡似的怪物。
红的,热的,是血,是火,是人,是马,
倒了的在前,在后,在左,在右。
但我们向前,我们向前,
我们的伤痕永不在背上!

我们向前,我们向前,
上了刺刀的枪,紧握在双手。
地平线上出现了无量数的妖魔们,
远远的闪耀着亮晶晶的钢盔和刀头。
(那讨厌的妖魔们,老是躲在铁堡似的坦克之后,不肯向前。)
近了,近了,更近了,看得清他们失神的张皇的脸了。
但我们却直冲了上去!不错过面对面见得着妖魔们的这个好机会!
红的,热的,是血,是火,是人,是马,
倒了的在前,在后,在左,在右。
但我们向前,我们向前,
我们的伤痕永不在背上!

其　　二

倒下了的是我们,
但我们的伤痕永不在背上,
倒下了的是我们,
但当我们倒下时,
我们却清楚看见——
跟着我们来的是一个无穷无尽的猛肃的队伍。
(您得明白,我们永不回顾,只在倒下的一刹那,得个见到后面的机会。)

一个无穷无尽的猛肃的队伍,

正踏着我们的血迹向前进。
他们前进,他们前进,
面对着东方的太阳。
我们清楚地看见——
他们在鞭打,在驱逐我们的敌人!
(您得相信这无穷无尽的猛肃的队伍,是有充分的力量,足够得鞭逐我们的敌人。)

他们在鞭打,在驱逐我们的敌人,
终得要压迫得敌人们退,退,退!
我们远了,我们去得更远了,
但我们却仍清楚地听得他们杀敌的呼号!
我们的血迹冲出了一条红的河道,
但他们的足步便将这河床踏成了康庄大路!
(您得明白,建设是要在赤血流过的河床上建设的。)

我们远了,我们去得更远了,
但我们还清楚地听得更高更高的杀敌的呼号。
那顽敌是除了鞭打不会退的,
该准备好一个打得他不会更爬起的力量。
只有更高的杀敌的呼声,
是使得我们安心地去一个信号。
(您得相信,我们虽是去得远了,更远了,我们的整个的心是还在这一边悬着的呢!)

一九三二年三月九日

郑振铎(1898—1958) 现代诗人,著名文学研究家,笔名西谛、CT、郭新源。这位主要从事中国古典文学研究的学者,抗战爆发后也奋笔疾书,创作了不少揭露日本侵略者罪行的诗歌与散文。《我们的伤痕永不在背上》写出了勇士永远向前的精神境界,是对抗日烈士牺牲精神的礼赞。

献　身

冯玉祥

献身给国家，
不怕刀枪砍和杀！
献身给民族，
情愿粉身与碎骨！

民族生存，
我方生存。
我身虽死，
换得民族永存。

国家自由，
我方自由。
我身虽死，
换得国家自由。

1937 年 7 月 28 日

选自《冯玉祥诗选》，四川人民出版社 1982 年版

冯玉祥（1882—1948）　著名抗战将领。原名基善，字焕章，原籍安徽省巢县。抗战时期，冯玉祥或亲临前线指挥作战，或辗转于城乡，体察士兵和民间疾苦，并创作了一些大众化、口语化自成一格的诗歌作品。出版诗集《冯玉祥诗抄》《冯玉祥抗战诗歌选》《冯玉祥诗歌选集》《冯玉祥诗选》等多种。《献身》是一篇充溢着爱国激情之作，意气昂扬，诗风雄健，抒发了这位爱国将领献身抗日战争的决心，也可以看作是他决心保卫国家的誓言。

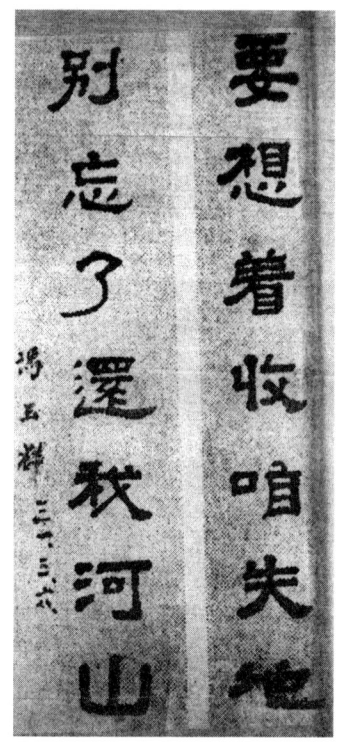

冯玉祥手书

归国杂吟

郭沫若

又当投笔请缨时,
别妇抛雏断藕丝。
去国十年余泪血,
登舟三宿见旌旗。
欣将残骨埋诸夏,
哭吐精诚赋此诗。
四万万人齐蹈厉,
同心同德一戎衣。

一九三七年十月二十四日

选自《沫若文集》第 2 卷,人民文学出版社 1961 年版

郭沫若为《保卫卢沟桥》公演题词

狱 中 题 壁

戴望舒

如果我死在这里,
朋友啊,不要悲伤,
我会永远地生存
在你们的心上。

你们之中的一个死了,
在日本占领地的牢里,
他怀着的深深仇恨,
你们应该永远地记忆。

当你们回来,从泥土
掘起他伤损的肢体,
用你们胜利的欢呼
把他的灵魂高高扬起。

然后把他的白骨放在山峰,
曝着太阳,沐着飘风:
在那暗黑潮湿的土牢,
这曾是他唯一的美梦。

1942 年 4 月 27 日

追哭徐新六

胡 适

一九三八年八月二十四日上午,新六的飞机被日本驱逐机五架击落,被机关枪扫射,乘客十二人都死了。十日之后,我在瑞士收到他八月二十三日夜写给我的一封信,是他临死的前夜写的。

拆开信封不忍看,
信尾写着"八月二十三"!
密密的两页二十九行字,
我两次三次读不完。

"此时当一切一切以国家为前提",
这是他信里的一句话。
可怜这封信的墨迹才干,
他的一切已献给了国家。

我失去了一个最好的朋友,
这人世丢了一个最可爱的人。
"有一日力,尽一日力",——
我不敢忘记他的遗训。

一九三八年九月八日
在瑞士的鲁塞恩(Cucerne)

本书编者注:在《胡适全集》第33卷第167页,末句为"我们不要忘了他的遗训!"文字略有出入,全诗的标点符号也有所不同。1938年10月16日胡适日记记载,胡适请陈伯通代抄新六遗书三通,寄与垚生。胡适在校读时,"忍不住悲思,题小诗于其后":"三书不厌十回读,今日重抄泪满巾。眼力最高心最细,如今何处有斯人!"思友之情悲切感人。

给 死 者

巴 金

我们再没有眼泪为你们流，
只有全量的赤血能洗尽我们的悔与羞；
我们更没有权利侮辱死者的光荣，
只有我们还须忍受更大的惨痛和苦辛。

我们曾夸耀为自由的人，
我们曾侈说勇敢与牺牲，
我们整日在危崖上酣睡，
一排枪，一片火，毁灭了我们的梦景。

烈火烧毁年青的生命，
铁蹄踏上和平的田庄，
血腥的风扫荡繁荣的城市，
留下——死，静寂和凄凉。

我们卑怯地在黑暗中垂泪，
在屈辱里寻求片刻的安宁。
六年前的尸骸在荒茔里腐烂了，
一排枪，一片火，又带走无数的生命。

"正义"沦亡在枪刺下，
"自由"被践踏如一张废纸，
侵略者在中国的土地上安排庆功宴，
无辜者的赤血喊叫着"复仇"！

是你们勇敢地从黑暗中叫出反抗的呼声，
是你们洒着血冒着敌人的枪弹前进：

"前进呵,我宁愿在战场作无头的厉鬼,
不要做一个屈辱的奴隶而偷生!"

我们不再把眼泪和叹息带到你们的墓前,
我们要用血和肉来响应你们的呐喊,
你们勇敢的战死者,静静地安息罢,
等我们最后一滴血洒在中国的平原。

选自《呐喊》第二期,又见《抗战诗选》,
战时文化出版社1938年2月版

巴金(1904—2005) 现代著名作家,原名李芾甘,四川省成都市人。巴金主要从事小说创作,抗战时也偶有诗作发表。《给死者》表达了作家对牺牲者的无限崇敬。"我们不再把眼泪和叹息带到你们的墓前/我们要用血和肉来响应你们的呐喊/你们勇敢的战死者,静静地安息罢/等我们最后一滴血洒在中国的平原"。这沉痛的宣言,是真诚的中国作家对于烈士英灵的庄严承诺。

我们要替你复仇!(木刻)　　王行　作

埋 葬

丽 尼

我说,把我们的死者埋葬起来罢,他是死在我们的土地里。

(不要低垂着头,我们的兄弟;不要哭泣,妇人。

眼泪和悲愤偿还不了这血的债和仇恨。

不要说那脸面已经模糊,不要说,我看不清……虽然是身躯已经焦黑,然而火烧不去那新鲜的血痕;虽然是面目已经模糊,然而血盖不住那英勇的脸。)

我说,把我们的死者埋葬起来罢,他是死在我们的土地里,(不要低垂着头,我的兄弟;不要哭泣,妇人。

眼泪和悲愤偿还不了这血的债和仇恨。)

从烈焰里,从火场,从瓦砾场,从倾斜的角落,从断墙,从地底深处,从最低下的低层!

掘罢!(掘开泥和土,掘开血和肉,掘开我们昨日仅存的物品,掘开我们永远亲爱着的亲人。)

(呜,我的儿子!)

(呜,我的父亲!)

(呜,我的亲人!)

他的眼珠突出,他的眼睛不闭。

在远远的电线杆上挂着他的腿。

(是他的,是他们的。)

他是谁?

——一个英勇的兄弟死了,在他自己的岗位上。

选自1939年8月15日重庆《国民公报》

丽尼(1909—1968) 著名文学翻译家,散文家,原名郭安仁,湖北省孝感市人。丽尼的散文诗优美清丽,诗意盎然。这首《埋葬》悲壮沉重,凸现了战争的残酷,表现了人们失去战友的无限哀痛。

父与子　新波 作

纪念碑：献给抗日烈士

奠 歌

徐 訏

不敢用可怜的悯叹，
更不敢用柔弱的哀惋，
红铁般的悲愤捧着我心，
对战士们英雄的魂灵祭奠。

你这样的死，悲壮、伟大、激越、
在中华几千年史中只有过一页，
那是悠远的祖先们为洪水泛滥舍身，
为那野兽的残暴流血。

如今是你，为整个民族的生命，
世界的和平，正义与爱，
在抵御强暴的侵略，
无畏的勇敢，视生命如草芥。

这样你慷慨地流血，
救人类无边的浩劫，
又壮烈地把你的骨肉，
填平了地球的残缺。

而死后英烈的魂灵，
又成了我们的导师，
这里是四万万五千万的生命，
将追随你前进的指示。

我们深信不远的将来或者最近，
你血染的地方都将开花，

花开处将有自由的生命,
为你的爱,你的名字而生存。

于是有万年文化史要为你们开卷,
史里每一个字都将刻着你名字,
而每首诗都将向你们的爱歌颂。

不敢用懦弱的哭泣,
更不敢用无聊的叹息,
是火山石浆般的血养着我们的心,
心里都存有你们英烈的魂灵。

一九三九年十月廿六日上海

选自《抗日时期的新诗作家和作品》,文成出版有限公司

徐訏(1908—1980)　现代作家,原名徐传琮,笔名徐于、东方既白,浙江省慈溪县(今慈溪市)人。出版有《进香集》《借火集》《灯笼集》《轮回》《时间的去处》等诗集。《奠歌》是对牺牲的抗日战士魂灵的祭奠。"壮烈地把你的骨肉/填平了地球的残缺","于是有万年文化史要为你们开卷/史里每一个字都将刻着你的名字",字字血泪,情深意切。纪念碑一组诗,永远是勇敢者留给后来人的人生教科书。

假如我战死了

柳　倩

假如我战死了请把我埋在那嶮峻的高山，
山下蜿蜒着宽敞的道路，
白云悠闲地绕过那座严关。
让我听江风呼啸，挟着民族的怒吼，
让战友们唱着凯歌回来，践踏过我的白骨。
我像高山、像高山一样庄严、雄浑。
我像大星瞪着国土，再不许敌寇侵入。
让我这无名者永远是一个哨兵，民族的歌人，
整日在山岗上望，
看着我们年轻的后代
在欢笑中过活，在自由中生长，
脸上销尽了从前千百代的耻辱。

让日子消泯了仇恨，我依然偃息在那座高山，
山上山下开辟的是自己土地，
集体的耕作，疏浚，安居在自己的农庄。
让我听农场上的欢歌赞扬着人类的进步，
他们瞅着埋葬我的这座高山有千年的怀古。
我像江潮，像江潮应和着他们的歌声，
我像太阳般欢笑，怡然地将他们爱抚。
让我这无名者永远是一个斗士，历史的证人；
长久在山岗上望：
俯视着我们年轻的子孙，
管理自己的国家，建立新的社会，
脸上燃烧着是我们这一代从未有的幸福。

一九四〇年五月六日在广西武鸣旧思恩府

选自《春草集》，文林出版社

柳倩(1911—2004) 现代诗人,原名刘智明,笔名刘天隽,四川省荣县人。出版有诗集《生命的微痕》《自己的歌》《无花的春天》和诗剧《防守》等。《假如我战死了》以一个抗日战士的口吻,表现了他对祖国和人民的忠诚。诗中的这位无名者希望死后长久地在山岗上瞭望,"俯视着我们年轻的子孙",语重千钧,极具震撼力,能够给所有后来者带来对民族命运的沉思。

假如，我死了

晏　明

假如，我死了，我死了，
为了我的碧绿的碧绿的府河，
和淡蓝淡蓝的梦泽湖，
姑娘，你莫悲伤，莫悲伤！

假如，我死了，我死了，
请把我埋葬在那小丘山顶上，
那苍翠苍翠的松林里，
姑娘，你莫悲伤，莫悲伤！

假如，我死了，我死了，
请为我立一块很小很小的石碑，
碑上刻着：一个年轻人为祖国而战死！
姑娘，你莫悲伤，莫悲伤！

假如，我死了，我死了，
母亲呵！为我的府河，为我的梦泽湖！
我将永远永远默念着你们的名字，
姑娘，你莫悲伤，莫悲伤！

假如，我死了，我死了，
让我静静地躺在祖国的山顶，
让我日日夜夜听着母亲的呼唤，
呵，姑娘，你莫悲伤，莫悲伤……

一九四一年十月一日—二十日，扬子江畔
选自《诗丛》恩施版第 1 期，1943 年 10 月

晏明（1920—2006）　现代诗人，原名郭灿之，笔名林露等，湖北省云梦县人。出版有

诗集《三月的夜》《收割的日子》《北京抒情诗》《春天的竖琴》《故乡的栀子花》《花的抒情诗》。爱情诗《假如,我死了》共五节,每节诗用"假如,我死了,我死了","姑娘,你莫悲伤,莫悲伤"反复诵唱,哀意绵绵,一个顶天立地的抗日战士形象赫然耸立在读者面前。

无名英雄之墓

刘火子

有一个人
静静地躺在路旁——

有一个人,
知道他的死,
为他竖下一块木头,
写着"无名英雄之墓"。
有一个人,
采撷了一些野生的花草——
百合、菖蒲、洋白兰……
放在埋藏着他骨殖的乱土上边。
有一个人,
(这就是我啊)
幽幽地给他写下短短的诗篇!

一九四〇年六月粤北

老　人

那　沙

是血泪的日子之后，
老人怀着悲愤。
完成了复仇的心愿，
倒在儿子的坟前。

以往的日子，
生活曾把老人，
拖进深深的苦海。
但老人并不曾
把对生存的希望埋葬。
当他看着年轻的儿子的
粗壮的臂膀，
饱满的胸膛，
他就像看见
黄金在生命的宝藏。

血泪的日子！
炮，火。
残酷的行为，
侵略者的疯狂啊！
把小镇拖进毁灭的门槛。
恐怖，混乱，
小镇在死的边沿，
喘着最后一口气。
多少生命窒息了啊！
老人的儿子倒在鬼子的刺刀下，
老人伏在儿子的尸身上，
鲜血涂满了他的泪污的皱脸。

绝望，悲痛，仇恨
像烈火，
燃烧着老人。

老人开始怀着悲愤，
怀着复仇的心愿。
怀着利刃，
隐伏在黑夜的街心。
像神话一样，
鬼子的哨兵昨夜被砍下了头颅。
今晚又是一个……

是月色的夜晚，
老人的利刃，
正在鬼子哨兵的头上闪着光芒。
一颗灼热的弹丸，
陡然打在他的背上。
于是，他抛下利刃，
提着血淋淋的头颅狂奔：
"报仇去，中国人！"

他终于跑到儿子的坟前，
倒下，
默默地闭上了昏迷的老眼。

选自1940年2月13日《大众日报》

那沙（1918—2000） 现代作家，原名林澄思。《老人》是一幕壮烈的惨剧。侵略者制造了小镇的恐怖，混乱，死亡。儿子倒在了鬼子的刺刀下，老人怀着利刃，为儿子、乡亲们复仇："像神话一样/鬼子的哨兵昨夜被砍下了头颅/今晚又是一个……"老人最后也牺牲了，他"终于跑到儿子的坟前/倒下/默默地闭上了昏迷的老眼"。中国人不可侮。一位普通的中国老人就知道什么叫作复仇。从这种意义上说，《老人》也是一个寓言，一个对所有妄想欺侮中国人的野心者的警告。

夜　葬

鲁藜

我们的兄弟死了
我们抬着他

记不清什么村子
也记不清什么时刻
哦,不要紧
就是那个神圣的土地
那些战斗的日子

我们把他放下去
放下去
挖得太浅吧
掘得深一些
把他深深地埋住

恰好有月亮
我们的队伍走不多远
我们还来得及赶上
好好地动手
不要把石头也掉下
敲得棺盖乱响
不要叫我们的兄弟
睡得不舒服
他睡得那么甜
一个勇敢的人
勇敢地战死
就是最大的快乐

没有墓碑怎么办
不要紧
这里正好有一棵大树
就在树干上刻下他的名字

树呵,不要被狂风吹倒
吹不倒的
有勇敢人在它的旁边
今夜,一点风也没有
月光那么静
照着兄弟的墓上
一切都好了
我们走呀

趁着前面还有步伐的声响
慢一点,站好
给我们的兄弟最后敬礼
于是,我们都举起了手

1941年11月20日晨

选自1941年11月30日《晋察冀日报》

鲁藜(1914—1999) 现代著名诗人,原名许度地,曾用名徒弟,笔名鲁藜,福建省同安县(今同安区)人。出版有诗集《时间的歌》《星的歌》《红旗手》《鲁藜诗选》等。《夜葬》中的诗句如泥土般质朴,明白如话又感情浓烈。诗神穿越炮火的喧嚣震撼着善良人们的心扉。

为祖国而歌

陈 辉

我，
埋怨
我不是一个琴师。

祖国呵，
因为
我是属于你的，
一个大手大脚的
劳动人民的儿子。

我深深地
　深深地
　　爱你！

我呵，
却不能，
像高唱马赛曲的歌手一样，
在火热的阳光下
在那巴黎公社战斗的街垒旁，
拨动六弦琴丝，
让它吐出
震动世界的，
人类的第一首
最美的歌曲，
作为我
对你的祝词。

我也不会
骑在牛背上，
弄着短笛。
也不会呵，
在八月的禾场上，
把竹箫举起，
　轻轻地
　轻轻地吹；
让箫声，
飘过泥墙，
落在河边的柳荫里。

然而，
当我抬起头来，
瞧见了你，
我的祖国的
那高蓝的天空，
那辽阔的原野，
那天边的白云
　　悠悠地飘过，
或是
那红色的小花，
笑眯眯的
从石缝里站起。
我的心啊，
多么兴奋，
有如我的家乡，
那苗族的女郎，
在明朗的八月之夜，
疯狂地跳在一个节拍上，
你搂着我的腰，

我吻着你的嘴，
而且唱：
——月儿呀，
　　亮光光……

我们的祖国呵，
我是属于你的，
一个紫黑色的
年轻的战士。

当我背起我的
那支陈旧的"老毛瑟"，
从平原走过，
望见了
敌人的黑色的炮楼，
和那炮楼上
飘扬的血腥的红膏药旗，
我的血呵，
它激荡，
有如关外
那积雪深深的草原里，
大风暴似的，
急驰而来的，
祖国的健儿们的铁骑……

祖国啊，
你以爱情的乳浆，
养育了我；
而我，
也将以我的血肉，

守卫你啊!

也许明天,
我会倒下;
也许
在砍杀之际,
敌人的枪尖,
戳穿了我的肚皮;
也许吧,
我将无言地死在绞架上,
或者被敌人
投进狗场。
看啊,
　那凶恶的狼狗,
　磨着牙尖,
　眼里吐出
　绿色莹莹的光……

祖国呵,
在敌人的屠刀下,
我不会滴一滴眼泪,
我高笑,
因为呵,
我——
你的大手大脚的儿子,
你的守卫者,
他的生命,
给你留下了一首
无比崇高的"赞美词"。
我高歌,

祖国呵，

在埋着我的骨骼的黄土堆上，

也将有爱情的花儿生长。

1942年8月10日，初稿于八渡
选自《晋察冀诗抄》，中国青年出版社1984年10月版

刺向敌寇　佚名　作

坚　　壁

田　间

狗强盗，
你要问我么：
"枪、弹药，
埋在哪儿？"

来，我告诉你：
"枪！弹药，
统埋在我的心里！"

一九四三年六月作

选自《延安文艺丛书·诗歌卷》，湖南人民出版社1984年版

看你横行到几时（1936）　　张仃　作

肉　　搏

蔡其矫

白色的阳光照在高高的山上，
在那里，剧烈的战斗正在进行。

近旁，那青铜的军号悲壮地响起，
冲锋的军号，以庄严的声音，鼓舞我们的士兵。

一个青年，我们团里的一个新兵，
飞似地前进，子弹在脚下扬起缕缕烟尘。
而在山岩后，一个日本军曹迎上来。

于是开始了惊心动魄的肉搏战！
军号还在吹，山谷震响着喊杀声……

交锋几个回合，那青年猛力刺了一刀，
敌人来不及回避，也把刺刀迎面刺来，
两把刺刀同时刺入两人的胸膛，
两个人全静止般地对峙着，呵！决死的斗争！
只因为勇士的刺刀比日本人的刺刀短几分，
才没叫颤栗的敌人倒下来，
我们的勇士没有时间思索，有的是决心，
他猛力把胸膛往前一挺，让敌人的刺刀穿过背梁，
勇士的刺刀同时深深地刺入敌人的胸膛，
敌人倒下，勇士站立着。山谷顿时寂静！

第二年，在那流血的地方来了一只山鹰，
它瞅望着，盘旋着，要栖息在英雄的坟墓上；
它仿佛是英雄的化身，不忍离开故乡的山谷。

过路的士兵呀！请举起你的手向它致敬。

1942年，晋察冀

选自《回声集》，作家出版社1956年版

蔡其矫(1918—) 现代诗人，福建省晋江人。1950年以后出版有诗集《回声集》《回声续集》《涛声集》《迎风集》《双虹集》等。1942年创作的《肉搏》，写出了战争的残酷，再现了中国士兵视死如归的英雄气概。

叫侵略者屈膝　蔡若虹　作

爱

丽 砂

如今你可以提起笔来,蘸着青春

在风雨中洗得干干净净

曾经为爱人的眼泪沾污了的灵魂碑上

写着战争

写着人类的名字……

选自《枫林文艺》第 6 辑,1944 年 5 月 17 日

丽砂(1916—) 现代诗人,曾用笔名平野、群力,四川省江津县(今江津市)人。《爱》赞美战死者,表现了民族解放战争对中国人灵魂的荡涤。

骨

方 然

马路边立着一块大碑:
"这里埋着
为抗战而战死的。
同志们,敬礼!"
为何埋在这里?
是为着使我们能看着
无数后来者从坟前走过。

开荒的同志
一锄头掘出一颗头颅骨。
"换一块地吧,
这怕是战士骨呀!"
"行,就让骨头成为肥料,
养育我们的土地!
战士的一切
都是为着抗战的!"

节选自《边城草》,原载 1943 年 7 月 1 日桂林《文学杂志》创刊号

方然(1919—1966) 现代诗人,原名朱声,安徽省怀宁县人。《骨》颂扬了为抗战而牺牲的忠魂,能够引起读者无限的回味和无尽的怀念。

战斗的原野(木刻)　王琦　作

纪念碑：献给抗日烈士

敌后催眠曲

萧 三

静些,静些,老大娘!
不要咳嗽,不要响。
老大爷!不要抽烟,
火星敌人能看见。

安静些,我的小宝贝!
夜是这样深,这样黑。
安静些,我的小宝宝!
我给你紧紧地包扎好。

我把你抱在我怀里,
你就再不会受冻了。
我紧紧地包好了你,
你就不会哭出声来了。

我的小宝宝,你不要怕——
你有你妈妈和你爸爸。
敌人一走,爸爸就能回来。
我们在这山洞里再待一待。

你听,枪声响得远了。
你爸爸快能回转了。
小宝宝,你不要嚷。
一忽儿就会大天亮。

你听!有了脚步的声音
走得近了,更近了,更近……

"到底回来了,孩子他爸!
呐,抱一抱你心爱的娃。

"抱一抱你的儿子,孩儿他爸。
这一夜真不易熬过,真可怕。
我们的小宝宝,他是小英雄!
他没哭,没叫鬼子发现我们。"

父亲接过了包包,揭开了包包:
在包包里躺着闷死了的小宝宝……
壮士的热泪大颗地滚下来。
壮士的眼睛困难地抬起来。

"孩子他妈,你不要伤心。
我们的宝宝没有白牺牲。
他救了我们多少人的性命。
我知道,我们该恨的是什么人!"

一九四四年

选自《延安文艺丛书·诗歌卷》,湖南人民出版社 1984 年版

萧三(1896—1983)　现代著名诗人,原名萧子暲,笔名埃弥·肖·爱梅,湖南省湘乡县(今湘乡市)人。在苏联期间出版有中文版《萧三的诗》《萧三诗选》,1946 年编选民歌集《中国出了个毛泽东》,以后出版有诗集《和平之路》《友谊之歌》等。《敌后催眠曲》再现了战时惊心动魄的一幕:为了不让孩子的哭声引来敌人,宝宝竟被闷死在妈妈的怀里。妈妈失去宝宝的痛苦和对敌人的仇恨交织在一起,让读者经受了一场震撼心灵的感情熬煎。

蒲 公 英

钟 辛

蒲公英像灯盏一样的

放置在一个战死者的坟头

没有妖艳的颜色

没有袭人的香气

让种子和着理想

随风飘去……

1944年7月于四川璧山

选自重庆《益世报·益世副刊》

钟辛(1924—) 原名何钟鑫,曾用名何非,安徽省定远县人。出版有诗集《江南的旅行》。《蒲公英》以少胜多,诗短意长,寄托着诗人对战死者的哀思和遐想。

送 葬 曲

方　敬

咳唉，我们的脚步怎么这样沉重，
是什么在把它们拖着，
那长长的旧的链子，
那不正的枷锁，
那路？
路可又带我们远去，
迤逦的路上
走得太累的错综的影子
匍匐着，佝偻着，蠕动着，
为什么低垂下了头，
你瞧，一些无辜的灵魂，
冻死了的，饿死了的，
敌人打死了的，
白白折磨死了的，
现在还应该活着的——
我们心里负担着生，
又负担着沉重的死呵。
这个肃穆的时辰，
路上浮着晦影——
什么黑黝黝的正在我们肩上？
哎，我们扛着的是一具棺材，
装殓着沉重的尸体，
——民族的屈辱与错误。
在这最庄严的殡仪行列里，
最忠实的执绋者，
沉抑地唱着最后的葬曲，
埋掉，深深地埋掉吧，

把那带叹息的命运

在这残破的土地上的窀穸里,

然后决绝地向着旧日告别。

让新的爱属于我们的心,

新的路属于我们的脚步,

新的世界属于我们的肩头。

一九四五年一月十日

选自《行吟的歌》,文化生活出版社 1948 年版

方敬(1914—1996) 现代诗人,四川省万县人。出版有诗集《雨景》《声音》《行吟的歌》《受难者的短曲》《拾穗记》等。《送葬曲》写于1945年抗战胜利前夕,它既记录了人们送葬脚步的沉重,也预言"新的路属于我们的脚步/新的世界属于我们的肩头"。

五月的鲜花

光未然

五月的鲜花开遍了原野,
鲜花掩盖着志士的鲜血。
为了挽救这垂危的民族,
他们曾顽强地抗战不歇。

如今的东北已沦亡了四年,
我们天天在痛苦中熬煎!
失掉自由也失掉了饭碗,
屈辱地忍受那无情的皮鞭!

敌人的铁蹄越过了长城,
中原大地依然歌舞升平;
"亲善"!"睦邻"!啊!卑污的投降!
忘掉了国家更忘掉了我们!

再也忍不住满腔的愤怒,
我们期待着这一声怒吼;
吼声惊起这不幸的一群,
被压迫者一齐挥动拳头!

(副　歌)
震天的吼声惊起这不幸的一群,
被压迫者一齐挥动拳头!

1935年8月写于汉口

选自《五月花》,作家出版社1960年5月版

胜利：将中国建筑在世界大街上

《终点，又是一个起点》是诗人绿原听到经过"八年一个月零八天"的抗日战争终获胜利的消息后写的一首长诗。诗人在诗中提出了"终点""起点"这一具有哲理性的命题。诗作昭示人们，庆祝这九死一生的胜利，"不用鞭炮/不用狂吹的号角/不用轻气球/不用上抛的草帽……"，"而用一种虔诚的默祷/——默祷/殉道者们/——默祷/一个在敌人的射击之下尽职的传令兵/——默祷/一个死了还不倒下去的旗手……"，而要把"终点"当作新的"起点"，"我们就要/用剩余的生命/去延展/这些英雄们所建筑的长桥"，"叫痛苦的经验/来训练/我们下一代……"。七十年后再读诗歌的第八部分，正像读一位智者的预言，让人百读不厌：

时间
以火车的速率
前进着，
我们呀
必须吐弃掉
过去的唾沫，
咬嚼着未来——
我们要带着
虹色的荣耀
用云块似的钢铁
将中国
建筑在
世界大街上，
与北方的大熊为邻。
……
在中国的门口
插着
路标：
——左通欧罗巴

——右通阿美利加

真的！七十年后的中国，竟然比诗人的预言还要精彩！这首诗，该是抗战诗歌永存的化石，它已经化为现代民族诗歌的经典。

诗选的这一部分沿着绿原的思路展开，既选入了一些有代表性的歌颂自信、歌唱胜利的诗作，同时也收入了少量批判民族惰性的佳作。对民族惰性探询的诗作所以值得重视，在于反思是对现实更理性更深刻的艺术否定。它最早地提醒人们：民族惰性的清除并非一次抗战就可以完成，它甚至是与生俱来、化入骨髓的隐含的痛。抗战胜利给人们的预约很多，但得到兑现的东西实在还少。正是在这种意义上，绿原的具有悲剧意识的"终点""起点"口号，不仅是一种自信和勇气，而且渗透着一种真理性的现实关怀。

歼寇壮观　　张慧　作

今年是好年

白 刃

在冰雪中，
我望着春天，
春天告诉我：
"今年是好年！"

我还望着，
在天那边，
有座高山，
山路蜿蜒艰险，
但在山后面，
却是一片美丽的平原。

中国的抗战，
像这寒冷的冬天，
度过"六九"，
就是和暖的春天。

我们的脚步，
正走向那高山，
翻过山巅，
就是美丽的平原。

今年是好年！
把鬼子赶出国境线！
今年是好年！
新中国就要出现！

1945年春于山东滨海
选自《前进的回声》，作家出版社1956年版

白刃(1918—) 现代作家,原名王寄生,福建省晋江县(今晋江市)人。创作于1945年春天的《今年是好年》,预告经过严寒的冬天,中国人民将会迎来和暖的春天。全诗充溢着乐观明丽的格调。

新年门画(1944) 彦涵 作

终点，又是一个起点

绿 原

——从一九三七年七月七日到一九四五年八月十五日，共计八年一个月零八天……

一

中国的
体温
升腾着，
脉搏
弹跃着，
在沉默的厮杀里——
人民响应
胜利！

响应
胜利：
像黑暗世纪
响应
宗教革命！
像俄罗斯的荒野
响应
拿破仑低头撤退！
人民的血管
要干涸了，
但胜利
来了！
是怎样的
胜利呀，
是怎样痛苦的

胜利呀?

胜利
来了:
啊,火种
出现在
冰河时代!

二

胜利是
你的,
中国!
在战争里,
谁没有看见
你的
血呢?
你的血,
在废墟上
溶化成
泥土的颜色……

啊,曾经赐给我们
以自由
以信仰
以生命的燃料的
血呀,
将被无数代的中国人民供奉着:
它永远是
中国的
神圣的图腾!

三

这是
九死一生的
胜利,与失败几乎没有距离的胜利呀!
中国人民
再前进!

脚下是
冒烟的弹壳,
头上是
五彩的天空,
我们
渡过了
从奴隶身份到主人身份的
闪电和急雨交加的
狂暴的海峡。

我们还怕什么呢?
连最沉重的
年代,都被
我们担负着
走过。
一江水喝完了,
还在乎
一口水吗?

中国人民
再前进!

在那长远的

痛苦的时间里，
有多少座钟楼
受不住风暴般的袭击，
倒塌了？
有多少只秒针
受不住潮湿的腐蚀，
锈断了？

计算时间的
只有
我们的
从红变紫，又从紫变黑了的
血呀！
我们的
变白了的
骸骨呀！
我们的
用以突围出来的意志的
痉挛的
粗糙的棱角呀！
中国人民
再前进！

四

起来
再前进
中国的人民！

起来，伤兵！
起来，地下军！
起来，监狱里的政治犯！

起来,沦陷的城池!
起来,混乱的大后方!

起来,
再前进,
像太阳
旅行了黑夜
从西方
回到
东方
去!

我们要回去,
不再逃亡!

回去
从火灾的灰烬里
去找寻
没有烧焦的
木材……
回去
盖房屋;

回去
将尸首的堤防
掘成
田亩……
回去
播种;

回去

向褴褛的行列
呼唤
活着的骨肉;

回去
到军旗一致的营房
去同伙伴们
会师!

五

回去,
寡妇!
回去,
孤儿!
回去,
失去了儿子的母亲!

我们将给自己
以肥沃的土地、
　　强壮的牛、
　　新的村庄、
　　有收获的劳动……

我们要
叫家畜同主妇在一起,
叫斑鸠回到桃林唱诗去,
叫白鸥恢复它的笑,
叫马匹到草原去跑;

叫逃亡的婴儿
回去喝

故乡的河水；

叫表兄弟们

互相握手

并且喊出

一样的口令；

叫痛苦的经验

来训练

我们下一代……

六

我们走近

抗敌阵亡将士们的公墓旁边，

不会惭愧！

因为我们一定要

像冤魂一样坚决，

替这些英雄们

报仇！

我们没有死在

炼狱般的时间里，

我们就要

用剩余的生命

去延展

这些英雄们所建筑的长桥，

让下一代

平坦地

走过去！

七

人民的军队呵，

当那些没有流过血，

没有流过汗，

甚至做梦也没有想到过

中国还会胜利的

坏蛋们

面对着

中国人民的狂欢

而心惊、

而肉跳、

而阴险地策动中国的第二次难关的时候，

我们的武器

不能放下！

我们的凄凉的记忆

不能遗失！

我们有战斗的知识，

不能迷信

过去的奴隶的习惯！

因此我们有

更艰难的课程：

我们要保卫

这次用多少回伤心的失败换来的胜利，

粉碎

一切肥皂泡般的

保护色，

用新的号召！

用新的战斗！

八

时间

以火车的速率

前进着，
我们呀
必须吐弃掉
过去的唾沫，
咬嚼着未来——
我们要带着
虹色的荣耀
用云块似的钢铁
将中国
建筑在
世界大街上，
与北方的大熊为邻。

使中国的门牌
按着
1945，1946，1947……的号码
改变，
在中国的门口
插着
路标：
——左通欧罗巴
——右通阿美利加

让北方的风砂
向南方吹，
让南方的太阳
晒到北方，
让扬子江
向太平洋流，
让它从巴拿马运河
到大西洋去

再穿过苏伊士
回来；

让黄河的波涛
跟着
扬子江的
波涛，
表现出
中国的
豪壮的风度。
呵，到那时候
中国人民
决不再是
痛苦的原子，
连我这个羞涩的歌者
也决不会再
为人民的苦难
而低头哭泣……

九

我们将最后
庆祝
胜利——
　不用鞭炮，
　不用狂吹的号角，
　不用轻气球，
　不用上抛的草帽……
而用一种虔诚的默祷！
——默祷
殉道者们，
——默祷

一个在敌人的射击之下尽职的传令兵,
——默祷
一个死了还不倒下去的旗手……

我们
庆祝
胜利——
 不用放映电影,
 不用表演戏剧,
 不用遵守红字日的规则,
而用
 德谟克拉西的实践!
而用一种
 今天流的汗与昨天流的血可以比赛一下的工作。

1945 年

选自《又一个起点》,海燕书店 1949 年版

绿原(1922—2009)　现代著名诗人,文学翻译家,原名刘仁甫,曾用笔名刘半九,湖北省黄陂县(今黄陂区)人。出版有诗集《童话》《集合》《又是一个起点》《从一九四九年算起》《人之诗》《人之诗续编》。《终点,又是一个起点》是诗人听到从 1937 年 7 月 7 日到 1945 年 8 月 15 日,共计八年一个月零八天,中国人民历尽千辛万苦的抗日战争终获胜利的消息之后创作的一首史诗性长诗。全诗情绪饱满,洋溢着胜利的喜悦以及对于未来建设新生活的企盼。诗作思想深沉,蕴涵丰厚,气势雄浑博大,节律鲜明,反复咏叹,像进军号角般短短的诗行排列,在视觉上造成一种强大的冲击力。历史也许会证明,这是一首值得进一步深入阐释的杰作。

粤北大捷一景（木刻）　梁永泰　作

战士的雄姿（木刻）　陈烟桥　作

东条首相败下阵来　叶浅予　作

祝捷　纳维　作

为祖国而歌

胡 风

在黑暗里　在重压下　在侮辱中
苦痛着　呻吟着　挣扎着
是我的祖国
是我的受难的祖国！

在祖国
忍受着面色的痉挛
　　　朝阳似地
　　　绿草似地
　　　生活含笑
祖国啊
你的儿女们
　　　歌唱在你的大地上面
　　　战斗在你的大地上面
　　　喋血在你的大地上面

在卢沟桥
在南口
在黄浦江上
在敌人的铁蹄所到的一切地方，
迎着枪声　炮声　炸弹的呼啸声——
祖国啊
为了你
为了你的勇敢的儿女们
为了明天
我要尽情地歌唱：

用我的感激

　　　我的悲愤

　　　我的热泪

　　　我的也许迸溅在你的土壤上的活血!
和呼吸的喘促
以及茫茫的亚细亚的黑夜,
如暴风雨下的树群
我们成长了

为了明天
为了抖去苦痛和侮辱的重载
人说:无用的笔啊

　　　把它扔掉好啦。
然而,祖国啊
就是当我拿着一把刀

　　　或者一支枪
在丛山茂林中出没的时候罢
依然要尽情地歌唱
依然要倾听兄弟们的赤诚的歌唱——
送着铁的风暴

　　　火的风暴

　　　血的风暴
歌唱出郁积在心头上的仇火
歌唱出郁积在心头上的真爱
也歌唱掉盘结在你古老的灵魂里的一切死渣和污秽
为了抖掉苦痛和侮辱的重载
为了胜利
为了自由而幸福的明天
为了你啊,生我的　养我的　教给我什么
是爱　什么是恨的　使我在爱里恨里苦

痛的　辗转于苦痛里但依然能够给我希
望给我力量的我的受难的祖国！

一九三七年八月三—四日，
遥见敌机在南市轰炸的时候。

选自《为祖国而歌》，希望社 1947 年版

胡风（1902—1985）　现代著名诗人，文艺理论家，原名张光人，笔名谷非、高荒、张果等，湖北省蕲春县人。出版有诗集《野花与箭》《为祖国而歌》《欢乐颂》《安魂曲》《光荣赞》《时间开始了》等。胡风主编的刊物《七月》和主持出版的《七月诗丛》对中国现代诗歌的发展产生了积极的推动作用。《为祖国而歌》创作于抗日战争爆发之时。诗人悲愤填膺，他曾说，抗日民族解放战争，是中国人"做正经事的机会"，"不要爱惜在奴隶境遇下的生命"，要"抓住这个千载一时的难得有的机会"献身于祖国解放事业(《做正经事的机会》)。在这首诗里，诗人向受难的祖国呈现了自己炽热的心，表达了诗人对祖国的忠诚。切割不断的长长的诗句，破坏常规诗的语言规范性的诗句，体现了诗人爱恨交织、爱得深沉的复杂思绪，同时也产生了陌生化的艺术效果。

前　　线

（纪念四月七日台儿庄的大胜利）

祝实明

狮子吼,雷喊,

一分钟几百发的重炮弹。

战士们无声

像九月蝉；

敛着奋飞的翼

像鹰鹬；

愤怒的眼光

闪,

像电；

潜伏着,平卧着,

像猎犬

注视它的猎物,

准备穷追

过岭,过草原,过山。

死神张开遮天的大羽翼,

盘旋

复盘旋。

侵略的炮弹在伪装侧开花,

侵略的炮弹在阵地里开花。

黄土上浸满红血,

树枝上残雪高挂。

战士们无声像长蛇

梭行,梭行,爬。

正义在心里开花。

愤怒在心里开花。

在战神翼下,

在死神翼下,

怒目静候着
像蛙。
黑夜来时才从战壕里跃出，
握紧投上刺刀的枪把，
匍匐前进，
冲锋，
杀！

一九三八年四月

选自《垦殖集》，文通书局 1944 年 8 月版

赞　美

穆　旦

走不尽的山峦的起伏,河流和草原,
数不尽的密密的村庄,鸡鸣和狗吠,
接连在原是荒凉的亚洲土地上,
在野草的茫茫中呼啸着干燥的风,
在低压的暗云下唱着单调的东流的水,
在忧郁的森林里有无数埋藏的年代。
它们静静地和我拥抱:
说不尽的故事是说不尽的灾难,沉默的
是爱情,是在天空飞翔的鹰群,
是干枯的眼睛期待着泉涌的热泪,
当不移的灰色的行列在遥远的天际爬行;
我有太多的话语,太悠久的感情,
我要以荒凉的沙漠,坎坷的小路,骡子车,
我要以槽子船,漫山的野花,阴雨的天气,
我要以一切拥抱你,你,
我到处看见的人民呵,
在耻辱里生活的人民,佝偻的人民,
我要以带血的手和你们一一拥抱。
因为一个民族已经起来。

一个农夫,他粗糙的身躯移动在田野中,
他是一个女人的孩子,许多孩子的父亲,
多少朝代在他的身边升起又降落了
而把希望和失望压在他身上,
而他永远无言地跟在犁后旋转,
翻起同样的泥土溶解过他祖先的,
是同样的受难的形象凝固在路旁。

在大路上多少次愉快的歌声流过去了,
多少次跟来的是临到他的忧患;
在大路上人们演说,叫嚣,欢快,
然而他没有,他只放下了古代的锄头,
再一次相信名词,溶进了大众的爱,
坚定地,他看着自己溶进死亡里,
而这样的路是无限的悠长的
而他是不能够流泪的,
他没有流泪,因为一个民族已经起来。

在群山的包围里,在蔚蓝的天空下,
在春天和秋天经过他家园的时候,
在幽深的谷里隐着最含蓄的悲哀:
一个老妇期待着孩子,许多孩子期待着
饥饿,而又在饥饿里忍耐,
在路旁仍是那聚集着黑暗的茅屋,
一样的是不可知的恐惧,一样的是
大自然中那侵蚀着生活的泥土,
而他走去了从不回头诅咒。
为了他我要拥抱每一个人,
为了他我失去了拥抱的安慰,
因为他,我们是不能给以幸福的,
痛哭吧,让我们在他的身上痛哭吧,
因为一个民族已经起来。

一样的是这悠久的年代的风,
一样的是从这倾圮的屋檐下散开的
无尽的呻吟和寒冷,
它歌唱在一片枯槁的树顶上,
它吹过了荒芜的沼泽,芦苇和虫鸣,
一样的是这飞过的乌鸦的声音。

当我走过,站在路上踟蹰,

我踟蹰着为了多年耻辱的历史

仍在这广大的山河中等待,

等待着,我们无言的痛苦是太多了,

然而一个民族已经起来,

然而一个民族已经起来。

1941年12月

选自《穆旦诗选》,人民文学出版社1986年版

穆旦(1918—1977)　现代著名诗人,文学翻译家,原名查良铮,原籍浙江省宁海县。出版有《穆旦诗集》《旗》《穆旦诗选》等诗集。穆旦是一位才华横溢的现代派诗人。《赞美》燃烧着诗人一颗赤子之心。在祖国最困难的日子里,诗人坚信:一个民族已经起来。他对民族、对生活的深刻理解,使诗有着海洋般的思想容量,让不同的读者都能从中获得感悟,汲取力量。"当我走过,站在路上踟蹰/我踟蹰着为了多年耻辱的历史/仍在这广大的山河中等待/等待着,我们无言的痛苦是太多了/然而一个民族已经起来/然而一个民族已经起来",在这里,诗的丰富蕴涵带给读者的是沉重和自信。

耕　　段干青　作

沁园春·雪

毛泽东

一九三六年二月

北国风光,千里冰封,万里雪飘。望长城内外,惟余莽莽;大河上下,顿失滔滔。山舞银蛇,原驰蜡象,欲与天公试比高。须晴日,看红装素裹,分外妖娆。

江山如此多娇,引无数英雄竞折腰。惜秦皇汉武,略输文采;唐宗宋祖,稍逊风骚。一代天骄,成吉思汗,只识弯弓射大雕。俱往矣,数风流人物,还看今朝。

选自 1945 年 11 月 14 日重庆《新民报晚刊》

毛泽东(1893—1976) 中国共产党、中华人民共和国、中国人民解放军的主要缔造者和领导人,湖南省湘潭市人,字润之。毛泽东的诗词创作具有独特的艺术个性,曾先后出版有毛泽东诗词的多种版本,生前公开发表诗词39首。1945 年 11 月 14 日,最早在《新民报晚刊》发表的《沁园春·雪》高瞻远瞩,以博大的胸怀,讴歌如画祖国,洋溢着必胜的信念。1945 年 9 月 6 日,毛泽东以 1936 年 2 月的旧作《沁园春·雪》赠柳亚子。毛泽东本没打算发表此词,但《中央日报》发表了柳亚子的和词"次韵和润之咏雪之作不尽依原题意"后,吴祖光将此词公开发表出来,并附一文言评说,认为是一首气魄极大之作。词发表后,重庆各界为之震惊,随后上海、北京等地也有所闻,各报纷纷转载,并称此词有"帝王气象"。《沁园春·雪》证明,古老的诗词形式,由于现代精神的灌注,已经有强大的生命力。诗中的名句"俱往矣,数风流人物,还看今朝"一直被广泛传诵。